# *basic* Spanish *workbook*

## Phil Turk

**Berlitz Publishing/APA Publications GmbH & Co. Verlag KG,
Singapore Branch, Singapore**

Contacting the Editors
Every effort has been made to provide accurate information in this publication, but changes are inevitable. The publisher cannot be responsible for any resulting loss, inconvenience or injury. We would appreciate it if readers would call our attention to any errors or outdated information by contacting Berlitz Publishing, 95 Progress Street, Union, NJ 07083, USA. Fax: 1-908-206-1103. email: comments@berlitzbooks.com

Cover photo © Image Source

Workbook series devised by Lynne Strugnell
*Spanish Workbook* written by Phil Turk
Handwriting font © Henry Bloomfield 1994

Reprinted in July 2004
Printed in Signapore

# CONTENTS

# Introduction

For over a century, Berlitz language courses and books have helped people learn foreign languages for business, for pleasure and for travel – concentrating on the application of modern, idiomatic language in practical communication.

This *Berlitz Spanish Workbook* is designed for students who have learned enough Spanish for simple day-to-day communication and now want to improve their linguistic knowledge and confidence.

Maybe you are following an evening class or a self-study course and want some extra practice – or perhaps you learned Spanish some time ago and need to refresh your language skills. Either way, you will find the *Berlitz Spanish Workbook* an enjoyable and painless way to improve your Spanish.

## How to Use the Workbook

We recommend that you set yourself a consistent weekly, or, if possible, daily study goal – one that you can achieve. The units gradually increase in difficulty and have a continuous storyline, so you will probably want to start at Unit 1.

Each unit focuses on a specific topic or situation: introducing yourself; eating out; travel; leisure activities and many more. Within the unit you will find exercises and word puzzles that build your vocabulary, grammar and communication skills. The exercises vary, but each unit follows the same basic sequence:

| | |
|---|---|
| **Match Game** | relatively easy matching exercises that introduce each topic |
| **Talking Point** | a variety of exercises based on lively, idiomatic dialogues. Read these dialogues thoroughly, as they introduce the language you will use in the subsequent exercises |
| **Word Power** | imaginative vocabulary-building activities and games |
| **Language Focus** | specific practice in problem areas of grammar |
| **Reading Corner** | challenging comprehension questions based on a short text |
| **Write Here** | short writing tasks using key vocabulary and grammar from the previous exercises |

We have provided space for you to write the answers into your Workbook if you wish, although you may prefer to write them on a separate sheet of paper.

If you want to check the meaning of a Spanish word, the Glossary at the back of the Workbook gives you its English translation. The Grammar section offers a handy overview of the essential structures covered in this Workbook, and you can check all of your answers against the Answer Key.

We wish you every success with your studies and hope that you will find the *Berlitz Spanish Workbook* not only helpful, but fun as well.

# UNIT 1 : All about me

In Unit 1 you will find practice with giving your name and address, simple introductions, and talking about nationalities.

## Match Game

### 1. Verbs *ser* and *estar* to be

Match the words in the box on the left with the appropriate form of the two verbs.

> nosotros   los Sres Pérez   vosotros
> ella  él  yo  usted  Miguel
> Pablo y tú  tú  Rosa y yo
> ustedes  ellos  el coche

soy  eres  es
estoy  estás  está

somos  sois  son
estamos  estáis  están

## Talking Point

### 2. Introductions

This morning Emilio Torres has an interview for a new job. He has just arrived for the interview. Read the conversation, and fill in each of the blanks with one of the words given below.

| estás | quiere | perdone | es | soy | conocer | me llamo | está |
|-------|--------|---------|-----|-----|---------|----------|------|

**Emilio**     Buenos días.

**Cristina**   Buenos días. ¿El señor Vicente?

**Emilio**     No, mi nombre _____ Torres. _____ Torres, Emilio Torres.

**Cristina**   ¡Ah! ¡Señor Torres! ¡ _____ usted! ¿Cómo _____ usted?
                _____ Cristina Ramírez.

**Emilio**     Encantado de _____ la, señora Ramírez.

**Cristina**   ¿ _____ tomar café o un refresco?

**Emilio**     Café con leche, por favor.

**Cristina**   ¡Susana! ¡Susana! ¿Dónde _____ ?

**Susana**     Perdona. ¿Sí?

**Cristina**   Susana, tráenos un café con leche y un jugo de naranja, por favor.

### 3. Countries and nationalities

Complete the table.

| Country | Nationality |
|---|---|
| España | español |
| Francia | |
| Inglaterra | |
| | colombiano |
| | coreano |
| Italia | |
| Estados Unidos | |
| | mejicano |
| Japón | |
| | brasileño |
| Perú | |

### 4. Numbers

Rearrange the letters to find the numbers, and then match the words to the numbers.

sert _____

cooh _____

isse _seis_

sdo _____

nou _____

zide _____

ceno _____

iconc _____

rucota _____

coed _____

evenu _____

etise _____

# Language Focus

## 5. *Ser* or *estar*?

Choose the correct verb.

1. Emilio es/está _____ contento hoy porque tiene una entrevista para un nuevo trabajo.

2. Emilio es/está _____ ingeniero.

3. El nuevo trabajo es/está _____ en Villaverde.

4. Emilio es/está _____ esperando en recepción.

5. Los muebles son/están _____ muy cómodos.

6. - Mi nombre es/está _____ Emilio Torres.

7. - Soy/estoy _____ ingeniero.

8. - Soy/estoy _____ aquí para una entrevista.

9. - Soy/estoy _____ encantado de conocerla.

10. - Por favor, ¿dónde son/están _____ los servicios?

## 6. Negatives

Look at the pictures, and make sentences as in the example.

**Example:**

No es el señor Torres. _____

Es el Señor Vicente.

1. _____

   Es española.

2. _____

   Son de Barcelona.

3. _____

   Es té.

4. Su nombre _____

   Es Juan Carlos.

5. _____

   Estoy casada.

1. ~~francesca~~ española

2.

~~Madrid~~ Barcelona

3.

~~café~~ té

4.

~~Pedro~~ Juan Carlos

5. ~~soltera~~ casada

# Reading Corner

## 7. Personal information

Look at the information on Emilio's application form. Then put the lines of the description into the correct order and write them out below.

**HOJA DE SOLICITUD**

NOMBRE Y APELLIDO: Emilio Torres

DIRECCION: Calle del Bosque, 28, Pontevedra

EDAD: 31

SOLTERO/CASADO

casado, está soltero. Tiene
Emilio Torres es español. Es de
León. Tiene 29 años.
Calle del Bosque, 28. No está
Rosa. Es de
Pontevedra. Su dirección es
31 años. Su novia se llama

-------------------------------------------------
-------------------------------------------------
-------------------------------------------------
-------------------------------------------------
-------------------------------------------------

# Write Here

## 8. All about you

Write sentences about yourself.

**Example:** (nombre y apellido) *Me llamo Cristina Ramírez.*

**Datos personales**

Nombre y apellido: -------------------------------------

Dirección: -----------------------------------------------

-----------------------------------------------

Nacionalidad: -----------------------------------------

Edad: -------------------------------------------------

Soltero/casado: ---------------------------------------

# UNIT 2: I've got a new job.

In Unit 2, you will talk about your family, ask how old someone is, and talk about jobs.

## Match Game

### 1. Question and answer

Match each question to an appropriate response.

1. ¿Cómo está usted?
2. ¿Es usted la señora Ramírez?
3. ¿Café?
4. ¿De dónde es?
5. ¿Son españoles?
6. ¿Cuántos años tiene?
7. ¿Es Vd ingeniero?

( ) a. Sevilla
( ) b. Sí, por favor
( ) c. Sí, soy ingeniero.
( ) d. Muy bien, gracias, ¿y usted?
( ) e. No, me llamo Jiménez.
( ) f. No, son italianos.
( ) g. Tiene 17 años.

## Talking Point

### 2. *un* or *una*?

Emilio's job interview was successful. After he gets home, he calls his girlfriend Rosa to give her the news. Fill in the blanks in their conversation with *un* or *una*.

**Rosa** ¿Diga?

**Emilio** ¡Hola! Soy Emilio.

**Rosa** ¡Hola, Emilio!

**Emilio** ¡Oye! ¡Tengo _____ puesto de trabajo!

**Rosa** ¡Tienes _____ nuevo puesto! ¿Dónde?

**Emilio** Vacasa Internacional. Es _____ empresa de viajes, _____ empresa internacional de viajes. Tengo _____ puesto, y _____ oficina y _____ jefa simpática.

**Rosa** ¿ _____ jefa, dices? Tu jefe es _____ mujer? ¿Cuántos años tiene? ¿De dónde es? ¿Está soltera?

**Emilio** ¡No te preocupes! Está casada. Tiene marido y _____ familia de tres niños! Pero ¡es _____ mujer muy bonita!

# Word Power

## 3. How old are you?

Look at the chart and complete the sentences, using the correct form of *tener*.

| NAME | AGE |
| --- | --- |
| Juan | 24 |
| Rosa | 29 |
| Susana | 32 |
| Pedro | 32 |
| Yo | 43 |
| María | 43 |
| María y yo | 43 |
| Antonio | 65 |
| Tú | 14 |
| Usted | 56 |

Juan **veinticuatro años** _____

Rosa _____

Susana y Pedro _____

Yo _____

María _____

María y yo _____

Antonio _____

Tú _____

Usted _____

## 4. Rosa's family

Little Juanita has made a list of all the members of the family. Can you divide them into male and female? What do you notice about most of the male relatives? And the female ones? Then look at Rosa's family tree below and complete the sentences which follow.

tío ----
sobrina ----
madre ----
hijo ----
mujer ----
tía ----
hija ----
sobrino ----
padre ----
abuela _f_
hermano ----
marido ----
hermana ----
abuelo _m_

1. Mi hermano se llama _____ .

2. Mi _____ se llama Susana.

3. Susana está casada. Su _____ se llama Pedro.

4. Su hija se llama _____ .

5. Su _____ se llama Tomás.

6. Juanita es mi _____ y Tomás es mi _____ .

7. Mi _____ se llama María y mi _____ se llama Antonio.

8. Mi _____ se llama Alicia.

# Language Focus

## 5. *Tener* to have

1. Rosa, ¿cuántos hermanos _____ ?

2. Yo _____ dos hermanos.

3. María y Antonio _____ tres hijos.

4. Susana y yo _____ un hermano.

5. Juana _____ dos sobrinos.

6. Alicia ¿cuántos nietos _____ usted?

## 6. Making questions

Here are the answers to some questions. Put the words into the correct order to make the questions.

**Example:** ¿dirección/es/Emilio/de/cuál/la?

Q ¿ *Cuál es la dirección de Emilio*?

A Es Calle del Bosque, 28, Pontevedra.

1. ¿coche/usted/tiene?

Q ¿ --------------------------------- ?

A Sí, tengo.

2. ¿vive/novia/Emilio/la/de/dónde?

Q ¿ --------------------------------- ?

A En León.

3. ¿señor/el/Barcelona/de/es/Vicente?

Q ¿ --------------------------------- ?

A No, es de Jaén.

4. ¿llama/su/cómo/se/jefe?

Q ¿ --------------------------------- ?

A Se llama Cristina Ramírez.

5. ¿tienen/de/hijos/cuántos/Susana/los/años?

Q ¿ --------------------------------- ?

A Cuatro y siete.

6. ¿su/qué/marido/es?

Q ¿ --------------------------------- ?

A Es contable.

# Reading Corner

## 7. A postcard

Read Emilio's postcard to his parents, and then respond to the statements below, as in the example.

¡Hola papá y mamá! ¿Qué tal estáis? Yo estoy muy bien. Buenas noticias – tengo un nuevo empleo! Ya no soy ingeniero, soy periodista, periodista de viajes. Es una empresa grande – tiene sucursales en Méjico, Caracas, Madrid, Barcelona, Nueva York – y Tokio. Ah, y se llama Vacasa Internacional.
Un abrazo de Emilio.
PD: También tengo novia. Se llama Rosa y es de León. Es fotógrafa.

**Example:** Emilio tiene malas noticias.

No, tiene buenas noticias.

1. Emilio tiene un nuevo coche.

-------------------------------------------------

2. Emilio es ingeniero ahora.

-------------------------------------------------

3. Vacasa Internacional es una empresa pequeña.

-------------------------------------------------

4. Tiene cinco sucursales.

-------------------------------------------------

5. La novia de Emilio es periodista.

-------------------------------------------------

# Write Here

## 8. The policeman's questions

When Cristina is driving home from the office, she is stopped by a policeman who begins asking her a lot of questions. Complete the conversation by filling in the questions and answers.

**Policía**   Perdone usted.

**Cristina**   ¿Sí?

**Policía**   (La señora Cristina Domínguez?)   ¿Es usted la señora Cristina Domínguez?

**Cristina**   (No - Cristina Ramírez)   No, soy Cristina Ramírez.

**Policía**   (dirección Avenida de los Robles, 47?) ---------------------------------

**Cristina**   (no - Avenida de los Olmos, 47) ---------------------------------

**Policía**   (¿casada?) ---------------------------------

**Cristina**   (sí) ---------------------------------

**Policía**   (¿nombre de marido?) ---------------------------------

**Cristina**   (Felipe) ---------------------------------

**Policía**   (¿contable?) ---------------------------------

**Cristina**   (no - profesor) ---------------------------------

**Policía**   (¿de París?) ---------------------------------

**Cristina**   (no - Zaragoza) ---------------------------------

**Policía**   Ah, vale. Lo siento. Perdone. ¡Hasta luego!

# UNIT 3: Where's your office?

In this unit you will find practice with describing where things are. You'll also talk about houses, offices and hotels, and the things you find in them, and colors.

## Match Game

### 1. ¿Dónde está el gato?

Match the pictures to the appropiate phrases.

a. debajo de la ventana
b. en la silla
c. en el rincón
d. detrás del sofá
e. al lado del televisor
f. entre el televisor y el sofá
g. cerca de la puerta

## Talking Point

### 2. Hablando de la oficina

Emilio is talking to his mother on the phone, and telling her about his new job at Vacasa Internacional. Complete their conversation by choosing which of the alternatives are most suitable to fill the blanks.

**Madre**    ¿Dónde está la empresa, Emilio?

**Emilio**   Está (en/sobre) _____ Villaverde. Es el gran edificio blanco, al lado (de la/del) _____ Hotel Bellavista.

**Madre**    Ah, sí. Y ¿cuántas personas (son/hay) _____ en Vacasa Internacional?

**Emilio**   (Está/hay) _____ cincuenta y tres personas en la sucursal de Villaverde.

**Madre**    ¿Tú (tienes/tiene) _____ una oficina?

| **Emilio** | Sí, claro. Pero hay cinco personas, entonces hay cinco ordenadores, cinco mesas, cinco sillas y cinco teléfonos también - y ¡es una oficina pequeña! Y tiene (puertos/puertas) _ _ _ _ _ _ _ _ _ _ verdes y una alfombra verde. Pero es bonita. Hay una ventana grande, y hay un parque (detrás/debajo) _ _ _ _ _ _ _ _ del edificio. |
|---|---|
| **Madre** | ¿Hay mujeres en tu oficina? |
| **Emilio** | Sí, hay (una/dos) _ _ _ _ _ _ _ _ mujeres. |
| **Madre** | Y ¿hay tiendas (cerca/lejos) _ _ _ _ _ _ _ _ de la oficina? ¿O restaurantes? |
| **Emilio** | Sí, hay un restaurante mejicano. Y hay un pequeño bar (entre/detrás) del hotel. |

# Word Power

### 3. Colors

There are nine colors hidden in the "sopa de letras". Can you find them? One has been done for you.

## 4. Odd man out

Circle the word which doesn't belong in the place given at the beginning of the line.

1. **Oficina:** mesa  tienda  silla  ordenador  teléfono  jefe

2. **Sala de estar:** sofá  alfombra  silla  servicio  televisor  mesa

3. **Cocina:** vestíbulo  frigorífico  lavadora  cuchillo  fregadero  ventana

4. **Cuarto de baño:** lavabo  baño  ducha  jabón  huevo  puerta

5. **Casa:** dormitorio  servicio  garaje  jardín  baño  gimnasio

# Language Focus

### 5. Present tense

Fill in the blanks with the correct form of the present tense of the verb.

1. Ahora Emilio (trabajar) _ _ _ _ _ _ _ _ _ en Villaverde.

2. Cristina y su familia (vivir) _ _ _ _ _ _ _ _ en Pontevedra.

3. Las secretarias de Vacasa Internacional (hablar) _____ varios idiomas extranjeros.

4. Yo a veces (comer) _____ en el bar cerca de la oficina.

5. Los sábados mis amigos y yo (jugar) _____ al tenis.

6. ¿Dónde (trabajar) _____ usted?

7. Emilio (escribir) _____ reportajes para la empresa.

8. Y nosotros (viajar) _____ a todas partes del mundo para la empresa.

## 6. Making questions

Using the cues below, ask some questions and give short answers.

**Example:** sofá/sala de estar  _¿Hay un sofá en la sala de estar?_

_Sí, hay._

1. ducha/cuarto de baño  _____

   _Sí, _____

2. lavadora/cocina  _____

   _No, _____

3. huevos/frigorífico  _____

   _Sí, _____

4. restaurantes/Villaverde  _____

   _Sí, _____

5. mujeres/tu oficina  _____

   _No, _____

6. alfombra verde/sala de estar  _____

   _Sí, _____

# Reading Corner

## 7. *El Hotel Bellavista*

Read the description of the ground floor layout of the Hotel Bellavista and then write in the location of the various rooms on the plan on the following page.

Hay un gran restaurante junto al vestíbulo a la izquierda, y hay una pequeña cafetería al lado del vestíbulo a la derecha. Hay una librería entre la cafetería y la oficina de viajes. Los teléfonos públicos están cerca de la oficina de viajes. Hay un gimnasio pequeño al lado de la sauna, y una piscina pequeña detrás del gimnasio. Hay aseos en el rincón cerca del restaurante. En el rincón del vestíbulo hay algunos sofás, sillas y mesitas para café.

# Write Here

## 8. Rosa's new house

Emilio's girlfriend Rosa recently moved into a new house. Look at the information about it, and then write appropriate questions to go with the answers below.

Example: ¿Hay ducha? _____

No, no hay.

1. _____

Hay dos.

2. _____

Sí. Está en la cocina.

3. _____

Es amarilla.

4. _____

Está al lado de la casa.

5. _____

Sí, hay tres naranjos.

6. _____

Está detrás de la casa.

¡VALOR INCREIBLE! casa pequeña, 2 dormitorios, baño (sin ducha), gran cocina con lavadora, sala de estar ¡¡amarilla!!, garaje (junto a la casa), pequeño jardín detrás de la casa (3 naranjos). Tel 986 444 3321.

# UNIT 4: I like it!

In this unit, you will find practice with telling the time, sports and hobbies, and talking about likes and dislikes.

## Match Game

### 1. Connections

Connect the words that begin with the same sound.

cinco
queso
zapato
COMO    quién
CUATRO    cuánto    cuál
gato    ciudad
gracias    chocolate
gusta
japonés
GERENTE    general
chico    CHURRO

## Talking Point

### 2. Breakfast time

Cristina Ramírez has just made breakfast, and she's waiting for the children, Linda and Juan Carlos, and her husband, Felipe, to come into the kitchen. Read the conversation, and then answer the questions.

| | |
|---|---|
| **Cristina** | ¡El desayuno está servido! ¿Dónde están? ¿Dónde están los niños? ¡A desayunar! |
| **Felipe** | El desayuno está listo, pero los niños no. Linda está todavía en el baño, y Juan Carlos está en la cama. Y tiene mi periódico. |
| **Cristina** | ¿Cómo? Pero ¡son las ocho! Ya es tarde. El desayuno está servido. |
| **Felipe** | Yo estoy listo. Churros con chocolate - ¡qué bien.! Me encantan los churros con chocolate. Ah, ahí viene Linda. |
| **Linda** | ¡Hola, buenos días, mamá y papá! |
| **Cristina** | Llegas tarde - son las ocho ya, y ahora yo también, y tu padre, todos llevamos retraso. |
| **Linda** | Lo siento. ¿Es éste mi desayuno? ¿Churros con chocolate? ¡Puaj! Eso no, gracias. |
| **Cristina** | ¿Cómo? Pero ¡te gustan los churros con chocolate! |
| **Linda** | No. No me gustan. ¡Los odio! Estoy de régimen. |
| **Cristina** | ¿Qué estás de régimen? |
| **Linda** | Sí. A partir de hoy, estoy de régimen. ¿Hay café solo? |

**Example:** ¿Quién está en el baño?    Linda está en el baño.

1. ¿Quién está todavía en la cama?

2. ¿Quién tiene el periódico de Felipe?

3. ¿Quién está listo?

4. ¿A quién le gustan los churros con chocolate?

5. ¿A quién no le gustan?

6. ¿Quién está de régimen?

# Word Power

## 3. What time is it?

Look at the clocks, and write the times underneath each one.

**Example:**

1.

2.

Son las nueve y media.    3.

4.

## 4. Where is he at 7:00?

Write sentences about Felipe's daily schedule, using the phrases in the box.

**Example:** 7:00    A las siete está en la cama.

Mañana

1. 7:30

2. 8:30

3. 9:00

Tarde

4. 1:30

5. 7:30

6. 9:30

delante del televisor
en el baño
en el restaurante
en la cama
en su coche
en su oficina
en el gimnasio

# Language Focus

le
me
le
te
le
nos
les

## 5. I like it!

Choose the appropriate word to fill in the blanks.

1. A mí _____ gusta mucho el chocolate con churros.

2. A Emilio _____ encanta su nuevo trabajo.

3. A Linda no _____ gusta comer mucho.

4. A los niños no _____ gusta ir al colegio.

5. A nosotros _____ gusta mucho estudiar el español.

6. ¿A ti _____ gustan las naranjas?

7. ¿A usted _____ gusta el café o el té?

## 6. More likes and dislikes

Choose the correct word of the pair.

1. ¿A usted le (gusta/gustan) _____ los churros?

2. Sí, pero no me (gusta/gustan) _____ mucho el chocolate.

3. A Felipe le (encanta/encantan) _____ ir al gimnasio.

4. A Cristina no le (gusta/gustan) _____ nada la cerveza.

5. Nos (encanta/encantan) _____ los vinos chilenos.

6. A los turistas les (gusta/gustan) _____ las ruinas aztecas de Méjico.

# Reading Corner

## 7. She likes red wine, but ...

Emilio is having second thoughts about his girlfriend, Rosa, because their tastes are so different. Look at this letter to a friend, and rewrite the lines in the correct order.

a. la carne, pero ella es vegetariana. A ella

b. gusta mucho. A ella le gusta la natación y

c. A ella le gusta el vino tinto, pero

d. le encanta ir de compras, pero a mí no. A mí

e. a mí me gusta la cerveza. Me encanta

f. me gusta bailar, pero a ella no le

g. quiero? Sí, claro que la quiero!

h. el tenis, pero a mí no. ¿La

A ella le gusta el vino tinto, pero _____

_____

_____

_____

_____

_____

_____

# Write Here

## 8. Do you like dancing?

Cristina Ramírez is meeting her friends Pedro and Carmen on Saturday, and they are trying to decide what to do, as they all like doing different things. Ask and answer questions about what they like doing. The numbers of checks or crosses denotes how much they like or dislike the activity.

| | Pedro | Cristina | Carmen | usted |
|---|---|---|---|---|
| el tenis | ✓✓✓ | ✓✓ | ✗✗✗ | ? |
| la natación | ✓✓ | ✓ | ✓✓ | ? |
| ir de compras | ✓✓✓✓ | ✓ | ✓✓✓ | ? |
| bailar | ✓✓ | ✓ | ✗✗✗✗ | ? |
| ir al bar | ✓✓✓✓ | ✓✓ | ✓✓ | ? |

✓✓✓✓ le encanta   ✓✓✓ le gusta muchísimo   ✓✓ le gusta mucho   ✓ le gusta bastante

✗ no le gusta   ✗✗ no le gusta mucho   ✗✗✗ no le gusta nada   ✗✗✗✗ no le gusta en absoluto

**Example:** Pedro/tenis   **Q** A Pedro le gusta el tenis?   **A** *Sí, le gusta muchísimo.*

1. ¿Carmen/ir de compras?  **Q** _____  **A** _____

2. ¿Pedro y Carmen/la natación?  **Q** _____  **A** _____

3. ¿Cristina/la natación?  **Q** _____  **A** _____

4. ¿Carmen/bailar?  **Q** _____  **A** _____

5. ¿Carmen/el tenis?  **Q** _____  **A** _____

6. ¿Pedro/ir al bar  **Q** _____  **A** _____

7. ¿Usted/el tenis? ¿la natación? ¿ir de compras? ¿bailar? ¿ir al bar?  **Q** _____  **A** _____

# UNIT 5: Are you free tomorrow evening?

In this unit you will find practice with talking about daily activities, and how often you do something. There is also some more work on time, and days of the week.

## Match Game

### 1. What's the time?

Match the clocks to the correct time.

1. las siete y cuarto
2. las tres y cuarto
3. las cuatro quince
4. las cuatro menos cuarto
5. las nueve cuarenta y cinco
6. las ocho quince
7. las doce menos cuarto
8. la una menos cuarto

## Talking Point

### 2. How about a date?

It's Emilio's second week on his new job. He greets the receptionist, Ana, as he arrives on Monday morning. Fill in the blanks with an appropriate verb from the box.

> veo  salgo  juego
> aprendo  preparas
> juego  visito  lees
> salgo  ceno  aprendo

**Ana**      Hola, Emilio. Buenos días.

**Emilio**   Hola, Ana. Eh...¿Ana? Estás ocupada esta tarde? Estoy libre, entonces...

**Ana**      Lo siento, Emilio. Yo _____ al tenis los lunes. Siempre _____ al tenis los lunes.

**Emilio**   Vale. ¿Mañana, entonces? ¿Estás libre mañana por la tarde?

**Ana**      Es martes. No, lo siento, pero _____ el español los martes. Y _____ la guitarra los miércoles.

21

| Emilio | Mmmmm. Es difícil. ¿Qué haces los jueves y los viernes? ¿ _____ la poesía japonesa? ¿ _____ la comida china? |
|---|---|
| Ana | No, eso no. Por lo general _____ la televisión en casa los jueves, y siempre _____ a mis padres los viernes, y _____ en su casa. |
| Emilio | ¿Y el fin de semana? ¿Sábado? ¿Domingo? |
| Ana | ¡Nunca _____ con hombres desconocidos los fines de semana! |
| Emilio | ¡Yo no soy desconocido! ¡Soy Emilio! |
| Ana | Lo siento, pero siempre _____ con mi novio el fin de semana. Y Emilio, mira, tú tienes novia, ¿no? |

# Word Power

### 3. Find the verb

Think of an appropriate verb to go with each picture.

**Example:**

d. _____

c. _____

a. _____

b. _____

e. _____

_____beber_____

f. _____

## 4. Daily activities

Put numbers 1 to 11 against these activities to show the order in which you usually do them, and then mark the time you do them on the 24-hour clock.

_____ leer el periódico

_____ desayunar

_____ preparar la cena

_____ acostarse

_____ ducharse/bañarse

_____ empezar el trabajo

_____ levantarse

_____ ver la televisión

_____ terminar el trabajo

_____ ir al trabajo

_____ almorzar

# Language Focus

## 5. Mixed up sentences

Rearrange the words to make sentences.

1. fútbol siempre sábados al los juego

   ---------------------------------------------------------------

2. padres visita Ana sus a a menudo

   ---------------------------------------------------------------

3. Emilio su trabajo al generalmente coche en va

   ---------------------------------------------------------------

4. tinto generalmente bebo no yo vino

   ---------------------------------------------------------------

5. viernes Cristina gimnasio al a veces va los

   ---------------------------------------------------------------

6. carne come Linda nunca

   ---------------------------------------------------------------

## 6. Who does what?

Give the verb in brackets its right ending to suit the sentence.

   **Example:** Carmen (salir) de casa a las ocho. *Carmen sale de casa a las ocho.*

1. Los niños (ir) a su nuevo colegio

   ---------------------------------------------------------------

2. Emilio (ir) a Villaverde.

   ---------------------------------------------------------------

3. Tú siempre (ir) temprano al trabajo.

   ---------------------------------------------------------------

4. Nosotros (vivir) en Salamanca.

   ---------------------------------------------------------------

5. ¿Tu hermana (comer) carne?

   ---------------------------------------------------------------

6. Usted (conducir) muy bien.

   ---------------------------------------------------------------

# Reading Corner

## 7. Rosa's diary

Emilio's girlfriend, Rosa, is finding life boring. She thinks it's time for a change. Look at her diary, and fill in the blanks with *a, al, a la, a los, a las*.

Mi vida no es muy interesante. Siempre me levanto _____ 7.15. Siempre voy _____ trabajo _____ 8.30 y siempre vuelvo _____ casa _____ 6.00. Leo el periódico, veo la tele, escribo cartas _____ mi amiga en Inglaterra y _____ mi familia. Por lo general, los sábados y domingos, juego _____ tenis con unos amigos y claro _____ Emilio. Muchas veces él quiere ir _____ que siempre veo _____ disco, pero _____ mí no me gusta nada. A veces vamos _____ un restaurante y a veces _____ bar del club de tenis. Pero siempre vemos _____ mismas personas. Es siempre igual.

# Write Here

## 8. About you

Answer these questions about yourself.

1.  ¿Dónde vive usted?

    ------------------------------------------------------------

2.  ¿Juega usted a menudo al tenis?

    ------------------------------------------------------------

3.  ¿A qué hora se levanta usted?

    ------------------------------------------------------------

4.  ¿A qué hora almuerza usted por lo general?

    ------------------------------------------------------------

5.  ¿Qué hace usted generalmente los domingos?

    ------------------------------------------------------------

6.  ¿Conduce usted coche?

    ------------------------------------------------------------

# UNIT 6: How much is this?

This unit is about shopping, and you will find practice with asking for various items, money and prices, vocabulary for clothing, and asking the size of something.

## Match Game

### 1. Shop talk

Match the beginnings and ends of the sentences.

1. Esta falda
2. ¿En qué puedo
3. Quiero un
4. ¿Cuánto cuesta
5. No me
6. ¿Qué talla
7. ¿Tienen
8. Me gustan estos

( ) a. gusta el color.
( ) b. éste en la talla 42?
( ) c. es bonita
( ) d. suéter azul.
( ) e. vaqueros.
( ) f. servirla?
( ) g. quiere usted?
( ) h. este reloj?

## Talking Point

### 2. Emilio's birthday present

It's Emilio's birthday soon, and Rosa is out shopping for a present with her friend Pepita. Read the conversation, and then answer the questions below.

**Pepita**   Esta camisa es bonita.

**Rosa**   Sí, es verdad, pero a Emilio no le gusta el marrón.

**Pepita**   ¿Qué colores suele llevar?

**Rosa**   Le gusta el azul o el gris o el negro. A veces lleva verde.

**Pepita**   ¿Qué te parece ésta? Es un color bonito.

**Rosa**   ¿Qué talla es? Mediana. ¿Cuánto es? ¿Dónde está la etiqueta?

**Pepita**   Aquí está. ¡¡Cómo!? ¡¡65 euros!?

**Rosa**   Es de seda. No me gusta nada el precio.

**Dependienta**   Buenos días. ¿En qué puedo servirlas?

**Rosa**   Quiero una camisa de algodón, en azul o gris. Una camisa de sport. Es para mi novio.

**Dep**   ¿Qué talla?

**Rosa**   No sé. Mediana, quizá.

| Dep | Esas camisas están muy populares ahora. ¿O éstas? |
|---|---|
| **Rosa** | Son bonitas. ¿Cuánto cuestan? |
| Dep | 42 euros. |
| **Rosa** | ¿Cómo? ¿42 euros? ¡Yo no tengo 42 euros! |
| **Pepita** | ¿Por qué no le compramos una corbata? Son más baratas. |
| **Rosa** | Buena idea. No quiero un regalo caro. No me gusta mucho Emilio ahora. Una corbata barata es una buena idea. |

1. ¿Qué colores le gustan a Emilio? _____

2. ¿Le gusta el marrón? _____

3. ¿Cuánto cuesta la camisa de seda? _____

4. ¿Rosa quiere una camisa de seda o de algodón? _____

5. ¿Tiene 42 euros? _____

6. ¿Conoce la talla de Emilio? _____

# Word Power

## 3. Find the clothes

Rearrange the letters to find items of clothing.

**Example:** dosevit **vestido** _____

1. simaca _____

2. tesure _____

3. nastelceci _____

4. ladfa _____

5. barcato _____

6. savorque _____

7. pastoza _____

8. tachaque _____

9. sabul _____

10. grobia _____

## 4. Money, money, money

Write out these prices in full (they are in euros and Mexican pesos). Be careful with the form of words for "hundred"!

**Example:** € 2.000    **dos mil euros** _____

1. € 1.000 _____

2. € 1.200 _____

3. € 2.700 _____

4. € 5.995 _____

5. € 7.875 _____

6. 100 pesos _____

7. 283 pesos _____

8. 465 pesos _____

9. 120 pesos _____

10. 500 pesos _____

# Language Focus

## 5. Stem-change verbs

Fill in the blanks with one of the "stem-changing" verbs from the box.

> prefiero  tiene
> vuelvo  cuesta
> quiere  piensas
> cuestan  duermo
> prefiere  quiero

1. Por favor, ¿cuánto _____ estos guantes?

2. ¿ _____ usted esta falda en verde?

3. ¿Qué color _____ ?

4. Lo siento, no _____ una falda roja, _____ una gris.

5. ¿ _____ usted seda o algodón?

6. ¿Qué _____ tú de este vestido?

7. Esta camisa _____ demasiado.

8. No _____ bien en este tipo de pijama.

9. No tengo bastante dinero. ¡ _____ mañana!

## 6. This and that

Choose the correct word.

1. No me gustan estos calcetines. Prefiero (aquéllos/aquéllas) _____

2. Quisiera ver (esta/aquella) _____ camisa amarilla que hay en el escaparate.

3. ¿Cuánto cuesta (está/esta) _____ falda?

4. ¡(Este/estos) _____ guantes son muy caros!

5. Prefiero (esta/esa) _____ corbata que tiene Vd en la mano.

6. ¿Qué es (esto/este) _____ ? No sé lo que es.

# Reading Corner

## 7. Who cooks?

Read the description below, and fill in the blanks with the correct form of one of the verbs in the box.

A Cristina le _____ ir de compras, pero _____ cocinar. A su marido, Felipe, le _____ cocinar, pero ir de compras, no. Pues Cristina _____ a menudo al supermercado después del trabajo y allí _____ las provisiones para la cena. Luego Felipe _____ a casa sobre las 7.30 y_____ la cena. (A veces esto es difícil - su hija, Linda,_____ de régimen, y su hijo, Juan Carlos, no _____ pescado.) Al fin de semana, a veces los niños _____ y a veces todos _____ a un restaurante para cenar. Es caro, pero fácil.

detestar  ir
volver  comer
cocinar  gustar
comprar
gustar  preparar
ir  estar

# Write Here

## 8. Shopping questions

Make up appropriate questions to go with these answers.

**Example:**  ¿Tiene usted camisas de seda?
_No, lo siento. No tenemos camisas de seda._

1. _____

Quiero la talla 42.

2. _____

Cuesta 42 euros.

3. _____

Es negra y gris.

4. _____

Son 2 euros.

5. _____

Por favor, ¿tienen calcetines de algodón?

6. _____

¿Las corbatas? Están al lado de las camisas.

# UNIT 7: The bar's that way.

This unit is about asking and giving directions, talking about stores and public buildings, and asking about opening and closing times.

# Match Game

## 1. It's on the left.

Match the descriptions to the pictures.

1. Enfrente.
2. La tercera casa a la derecha.
3. Todo recto.
4. A la izquierda.
5. En el cruce, vaya todo recto.
6. A la derecha.
7. La segunda casa a la izquierda.
8. Al final.

# Talking Point

## 2. Asking the way

Choose the more suitable word to fill the blank.

Emilio is on his way to meet his girlfriend Rosa for a drink, but he's late. As he hurries along the street, a young Japanese woman stops him. She's a tourist.

**Tourist** Perdone...

**Emilio** Sí, ¿cómo puedo ayudarla?

**Tourist** El Museo de Pintura está (enfrente/cerca) _____ de aquí?

**Emilio** Sí, bastante. (¿Ve/conoce) _____ usted el banco en aquella esquina? Tuerza a la izquierda (aquí/allí) _____ - es la Calle Panaderos. Pase por (encima/debajo) _____ del puente que cruza el río, y luego siga todo recto por la Calle Panaderos hasta una gran iglesia (en/a) _____ la derecha.

Tuerza a la derecha allí, y el Museo de Pintura (está/es) _____ a la derecha. Hay un gran letrero (detrás/delante) _____ del museo. Es muy fácil.

**Tourist**  Perdone... ¿Tuerzo a la izquierda (o/y) _____ a la derecha delante del banco? Y ¿dónde está el río? Lo siento. No entiendo.

**Emilio**  Vale. Venga (conmigo/con mí) _____ . (Emilio la acompaña). Aquí está el banco. Tuerza a la izquierda aquí. Ahora, aquí está el río. A propósito, ¿de (cuándo/dónde) _____ es usted?

**Tourist**  Soy del Japón. (ve a Rosa al otro lado de la calle). Perdone, aquella mujer....¿es su amiga?

**Rosa**  ¡Hola!

**Emilio**  ¡Rosa! Es Rosa, mi novia. Eh, ¡hola!

**Rosa**  Hola, Emilio. Y ¿(Quién/qué) _____ es esto? ¿Tu nueva novia? El bar no está por aquí - está por allí.

**Emilio**  Sí, lo sé, pero...

**Rosa**  Vale. Tú vas por allí - con tu nueva amiga. ¡Adiós!

# Word Power

## 3. Numbers

Fill in the boxes with the ordinal numbers (primero, segundo, etc) as indicated.

## 4. In the street

Choose one of the words in the box to complete the sentences.

1. Lees libros en _____

2. Compras sellos en _____

3. Nadas en _____

4. Cambias dinero en _____

la piscina
el restaurante
Correos
el supermercado
la biblioteca     el bar
el banco
la carnicería

5. Compras provisiones en _____

6. Compras carne en _____

7. Comes en _____

8. Tomas algo de beber en _____

# Language Focus

## 5. *a* or *en*?

Fill in the blanks with *a* or *en*.

1. La sección de niños está _____ la tercera planta.

2. Siga todo recto hasta llegar _____ la cabina telefónica.

3. _____ la iglesia, tuerza a la izquierda.

4. Nuestra casa es la segunda _____ la derecha.

5. _____ qué planta está la oficina de Emilio?

6. Emilio no está _____ su oficina.

7. Generalmente llega _____ las 9.00.

8. A las 8.00 todavía está _____ casa.

## 6. Straight ahead!

Put these words into the correct order to make sentences.

1. recto cruce siga el en todo

--------------------------------------------------------------------

2. derecha museo la a tuerza del delante

--------------------------------------------------------------------

3. calle la tome a izquierda segunda la

--------------------------------------------------------------------

4. hasta calle de vaya final el la

--------------------------------------------------------------------

5. plaza cruce museo la el y está Vd de delante

--------------------------------------------------------------------

# Reading Corner

## 7. Where's the party?

Cristina Ramírez has invited several of the employees at Vacasa Internacional to a party at her house. Read her instructions of how to get to her house, and then mark it on the map.

Tuerza a la izquierda al cruce, luego siga la carretera hasta Pozoblanco. Tome la segunda a la derecha, la Calle del Bosque. Siga todo recto, cruce el puente del río, hasta la cabina telefónica a la izquierda. Aquí tuerza a la izquierda, y nuestra casa es la segunda a la derecha.

# Write Here

## 8. When is it open?

Look at the opening times of the various places, and make questions and answers like the one in the example.

**Example:**

```
•                                •
   PISCINA ABIERTA
   martes–viernes: 9.00–22.00
   sábado–domingo: 10.00–21.30
        cerrada los lunes
•                                •
```

Q. ¿Cuándo está abierta la piscina?

A. Está abierta desde las nueve de la mañana hasta las diez de la noche los días laborales, y desde las diez hasta las nueve y media los sábados y domingos. Está cerrada los lunes.

**BIBLIOTECA PÚBLICA**
DE LUNES A VIERNES 10:00–20:00
SÁBADO 10:00–13:00
DOMINGO CERRADA

1. **Q.** _____
   **A.** _____
   _____

| CORREOS | | |
|---|---|---|
| L | 9.00 | 19.30 |
| Ma | 9.00 | 19.30 |
| Mi | 9.00 | 19.30 |
| J | 9.00 | 19.30 |
| V | 9.00 | 19.30 |
| S | 9.00 | 12.30 |
| D | CERRADA | |

2. **Q.** _____
   **A.** _____
   _____

**RESTAURANTE CÁDIZ**
**************************
abierto 1930–2400
(1930–0030 los sábados)

cerrado martes y domingo

3. **Q.** _____
   **A.** _____
   _____

# UNIT 8: Did you have a good weekend?

In this unit you will find practice with talking about things which happened in the past and weekend activities, and asking questions beginning what? where? when? and who?

# Match Game

## 1. Who did it?

Match the subject to the verb.

| | | |
|---|---|---|
| 1. Emilio y Rosa | ( ) | a. compré provisiones para la comida |
| 2. Tú | ( ) | b. vieron a Emilio y Rosa en la ciudad |
| 3. Cristina y yo | ( ) | c. preparó la cena para Carmen |
| 4. Carmen | ( ) | d. no se hablaron ayer |
| 5. Ustedes | ( ) | e. fuimos a una fiesta |
| 6. Yo | ( ) | f. llegó muy temprano |
| 7. Usted | ( ) | g. jugaste al tenis el sábado pasado |
| 8. Felipe | ( ) | h. encontró a Felipe en la calle |

# Talking Point

## 2. How was the weekend?

At work on Monday morning, Emilio is talking to the receptionist, Ana, about his weekend. Fill in the blanks with the correct form of the verb.

**Ana**　　　¿Cómo (ir) fue tu fin de semana, Emilio?

**Emilio**　　Mal. ¡Fatal!

**Ana**　　　¿Por qué? ¿Qué (pasar) _____ ?

**Emilio**　　Rosa y yo (reñir) _____ el sábado.

**Ana**　　　Ah, vale. ¿Por qué (reñir) _____ ?

**Emilio**　　Ella me (ver) _____ con otra mujer.

**Ana**　　　¡Emilio!

33

| Emilio | ¡Pero sólo era una turista! Me (preguntar) _____ cómo llegar al Museo de Pintura, y le (decir) _____ cómo ir. No (entender) _____ lo que yo (decir) _____ pues (ir) _____ al Museo con ella. Era japonesa y muy simpática. |
| --- | --- |
| Ana | Pero ¿no (tener) _____ una cita con Rosa el sábado? |
| Emilio | Sí. Eso (ser) _____ el problema. Yo (llegar) _____ tarde a la cita. Y luego Rosa nos (ver) _____ en la calle del Puente. |

# Word Power

## 3. Odd man out

Which is the word which doesn't belong?

1. tenis   natación   gimnasio   baloncesto   footing

2. puente   restaurante   bar   Correos   biblioteca

3. fui   comí   jugué   encontré   voy

4. tiene   pone   comió   está   hace

5. qué   cómo   sólo   quién   cuándo

## 4. Choose the word

Choose one word from each of the groups in Exercise 3 to complete the sentences.

1. ¿Fuiste a la piscina ayer?  No, no me gusta mucho la _____

2. Fui a _____ para mandar un paquete.

3. _____ al tenis con Felipe ayer.

4. Ayer en el restaurante Juan Carlos no _____ el pescado.

5. ¿ _____ compró Rosa?

# Language Focus

## 5. Plurals

Fill in the plurals of the following words and phrases on the chart.

| Singular | Plural |
| --- | --- |
| yo | |
| usted | nosotros |
| niño joven | |
| este hombre | |
| mujer bonita | |
| coche japonés | |
| profesora inglesa | |
| ciudad española | |
| avión rápido | |
| lápiz gris | |
| aquel tren | |

## 6. *Era* or *estaba*?

Fill in the blanks with *era* or *estaba*.

1. Estos zapatos _____ muy caros.

2. ¿Quién _____ allí?

3. El nombre de mi jefe _____ Juan Arroyo.

4. ¿Dónde _____ el restaurante?

5. Y, ¿cómo _____ ?

6. ¿Quién _____ tu jefe entonces?

## 7. Questions

Make questions to fit the answers, as in the example.

> **Example:** ¿A qué hora fueron ustedes/fuisteis al bar?
> Fuimos al bar a las 7.30.

1. ¿A dónde _____ ayer? Fui al centro ayer.

2. ¿Cuándo _____ a Rosa? La vi el domingo.

3. ¿Qué _____ en el restaurante? Juan Carlos comió carne.

4. ¿Cuántas _____ en la sección de señoras? Compré tres faldas.

5. ¿A dónde _____ de compras? Las chicas fueron de compras al centro.

6. ¿A qué hora _____ el domingo? Emilio se levantó a las 10.00.

# Reading Corner

## 8. Rosa's diary

Rosa always writes her diary before she goes to bed. Read the section below, and then answer the questions on the following page.

Sábado

Me enfadé mucho hoy. Tuve una cita con Emilio, y llegué un poco tarde. Luego le vi en la calle del Puente. Con una mujer. No la conocía. Era muy bonita. Ella me vio, y luego me vio Emilio. Pero sólo me miró. No dijo nada. ¿Quién era la mujer? ¿Era su nueva novia? Me enfadé, y volví a casa. Llamé a mamá y le conté la historia. No se sorprendió. Luego Emilio llamó, y tuvimos una riña enorme. Ya no me gusta. Se lo dije - se sorprendió un poco. ¡¡¡Adiós, Emilio!!!

**Example:** ¿Con quién tuvo cita Rosa?    Tuvo cita con Emilio.

1. ¿Dónde vio Rosa a Emilio?

2. ¿Con quién estaba?

3. ¿Vieron a Rosa Emilio y la mujer?

4. ¿A dónde fue Rosa?

5. ¿A quién llamó Rosa?

6. ¿Quién llamó a Rosa?

# Write Here

## 9. What did they do?

These people all wrote memos to remind themselves of various appointments they had on the weekend. Make questions and answers like the one in the example about what they did.

**Example:**

domingo
6
mañana
¡tenis!

Q: ¿Qué hizo Cristina el domingo por la mañana?
A: Jugó al tenis.

Cristina

1. Q:
   A:

Emilio

2. Q:
   A:

3. Q:
   A:

4. Q:
   A:

5. Q:
   A:

eves | 4 viernes | 5
tarde visitar padres

Rosa

S 5 S
mañana: con Pepe encontrarse

5 S | tarde – gimnasio
6 D

domingo ....... 6
noche ir al bar con Susana

Ana

viernes
4
noche- TV!

Felipe

Susana

# UNIT 9: We went camping.

In Unit 9 there is more work on talking about the past, and you will also find practice with describing vacations, transportation and saying the year.

# Match Game

## 1. Full answers

Match the questions to the answers.

1. ¿Le gustó Puerto Rico?
2. ¿A dónde fuisteis de vacaciones?
3. ¿Hizo camping tu hermana el año pasado?
4. ¿Tus padres viajaron en tren?
5. ¿Hicieron ustedes esquí en enero?
6. ¿Fuiste de vacaciones con tu novio?
7. ¿Estaba el hotel cerca del mar?
8. ¿Alquilaron ustedes un coche?

( ) a. No, fuimos a las montañas en marzo.
( ) b. No, fueron en avión.
( ) c. No, fui con mis padres.
( ) d. Sí, pero preferí Guatemala.
( ) e. No, ¡bicicletas!
( ) f. A dos minutos.
( ) g. A Venezuela.
( ) h. Sí, fue a los Estados Unidos con su tienda.

# Talking Point

## 2. Hotel or tent?

Emilio has been looking at some travel brochures and planning his vacation while waiting for his friend Simón to arrive at the bar for a drink. Fill in the blanks in their conversation with the correct tense and form of the verb.

**Simón**   ¿Qué tienes ahí? ¿Folletos turísticos?

**Emilio**   Sí, para mis vacaciones de verano. El año pasado (ir) _____ a Turquía, y me (divertir) _____ muchísimo.

**Simón**   ¿Dónde te (alojar) _____ ? ¿En un hotel?

**Emilio**   Sí, (ser) _____ un hotel grande, cerca de la playa, con piscina y un restaurante estupendo, y una discoteca todas las noches.

**Simón**   ¡No me (gustar) _____ nada esos grandes hoteles!

| | |
|---|---|
| **Emilio** | ¿Verdad? ¿Por qué? Yo (divertirse) _____ mucho allí. (Comer) _____ mucha buena comida, (beber) _____ mucho buen vino y cerveza, (bailar) _____, y ¡(encontrar) _____ a muchas mujeres bonitas! ¿A dónde fuiste tú el año pasado? |
| **Simón** | El año pasado no tenía mucho dinero, pues (hacer) _____ camping con unos amigos. Lo (pasar) _____ estupendamente. |
| **Emilio** | ¿El camping? ¡Puaj! ¿No hizo frío? No llovió? |
| **Simón** | No, de ninguna manera. (Hacer) _____ buen tiempo y nosotros (dar) _____ paseos, (nadar) _____, (visitar) _____ muchos sitios interesantes. |
| **Emilio** | ¿(Preparar) _____ las comidas? |
| **Simón** | A veces (cocinar) _____ y a veces (comer) _____ en bares o restaurantes baratos. Y nosotros también (encontrar) _____ a muchas mujeres bonitas. |
| **Emilio** | ¡No te creo! |

# Word Power

## 3. Years and years

Write the years out in words, as in the example.

**Example:** 1979 _mil novecientos setenta y nueve._

1. 1985 _____
2. 1960 _____
3. 1881 _____
4. 1995 _____

5. 1700 _____
6. 1978 _____
7. 1990 _____
8. 2001 _____

## 4. How did you go?

Rearrange these words to find some different ways of traveling.

**Example:** rent    _tren_

1. tilicabce    _____
2. toasúbu    _____
3. checo    _____
4. nóvia    _____

5. axit    _____
6. colitomatce    _____
7. rotauca    _____
8. lacobla    _____

# Language Focus

## 5. Preterite tense verbs

Complete the lists in the boxes by filling in the preterite or present forms of the verbs.

| | Present | Preterite |
|---|---|---|
| yo | voy | fui |
| tú | comes | |
| Emilio | nada | |
| usted | bebe | |
| nosotros | vivimos | |
| tú y Ana | veis | |
| los niños | tienen | |
| ustedes | llegan | |

| | Present | Preterite |
|---|---|---|
| yo | | vine |
| tú | | fuiste |
| Emilio | | escribió |
| usted | | salió |
| nosotros | | estuvimos |
| tú y Ana | | bailasteis |
| los niños | | dijeron |
| ustedes | | hicieron |

## 6. Negatives

Match the answers to the questions.

1. ¿Simón todavía hace camping?
2. ¿Quién habló con Rosa en la calle?
3. ¿Dónde vio Emilio a Rosa?
4. Emilio y Rosa fueron al restaurante?
5. Yo no voy al restaurante. ¿Y tú?
6. ¿Qué te dijo Rosa?
7. ¿Le gustan los cigarrillos?

(  )
(  )
(  )
(  )
(  )
(  )
(  )

a. No me dijo nada.
b. No, nunca fumo.
c. Yo no voy tampoco.
d. No. Ya no le gusta.
e. Nadie.
f. No. Ni él ni ella fue.
g. En ninguna parte.

# Reading Corner

## 7. All about Cristina Ramírez

Read the information about Cristina Ramírez and then write questions to go with the answers below.

Cristina Ramírez nació en Argentina en 1944. Su madre fue profesora y su padre fue ingeniero. La familia vino a España in 1954, cuando Cristina tenía diez años. Vivieron en Madrid.

Cristina fue a la universidad de Salamanca. Estudió economía política. Fue buena estudiante, y le gustó mucho la universidad. También le gustó viajar, y viajó por Europa, Africa e India en autobús y tren. Después de la universidad, se trasladó a Pontevedra, donde conoció a su marido, Felipe. Se casaron en 1969.

1. _____ En mil novecientos cuarenta y cuatro.

2. _____ En mil novecientos cincuenta y cuatro.

3. _____ En Madrid.

4. _____ En Salamanca.

5. _____ Economía política.

6. _____ En mil novecientos sesenta y nueve.

# Write Here

## 8. Checklist

Cristina and her family are going camping this weekend, and Cristina made a list of the things she had to do today. Make questions about the things she had to do.

**Example:** comprobar aceite y agua del coche. *¿Comprobó el aceite y agua del coche?*

1. telefonear al camping
   _____

2. comprar provisiones
   _____

3. lavar el coche
   _____

4. ir al banco
   _____

5. limpiar las botas para caminar
   _____

6. comprobar la tienda
   _____

# UNIT 10: What are you going to have?

Unit 10 is about eating out and restaurants. You will find practice with ordering food, shopping for food, and weights, measures and containers.

## Match Game

### 1. In the restaurant

Match the questions with appropriate responses.

| | |
|---|---|
| 1. ¿Quiere usted beber algo? ( ) | a. Blanco, por favor. |
| 2. ¿Ensalada o legumbres? ( ) | b. No, prefiero un refresco. |
| 3. ¿Quiere Vd café? ( ) | c. Para mí, un flan. |
| 4. ¿Vino tinto o blanco? ( ) | d. No. Soy vegetariana. |
| 5. ¿Y de postre? ( ) | e. Ensalada. |
| 6. ¿Tienes hambre? ( ) | f. Sí, yo tomo un vino tinto. |
| 7. ¿Come Vd carne? ( ) | g. Sí, bastante. |

## Talking Point

### 2. ¿Qué vas a tomar?

Rosa still doesn't want to speak to Emilio, but after two days, Emilio invites her to lunch for a talk. Rewrite the lines of the conversation in the correct order.

1. **Rosa**    Sí, vale. Un bocadillo de jamón. Y un café.

2. **Rosa**    Probé su sopa de tomate la semana pasada. Fue asquerosa.

3. **Rosa**    No sé. No tengo mucha hambre.

4. **Rosa**    Y me gustaría un bocadillo de jamón.

5. **Emilio**    Patatas fritas, por favor.

6. **Emilio**    ¿Ah? Pues, ¿quieres un bocadillo?

7. **Emilio**    Me gustaría una tortilla de queso.

8. **Emilio**    ¿Quieres sopa? Aquí la sopa de tomate está muy buena.

| | | |
|---|---|---|
| 9. **Emilio** | ¿Qué quieres tomar? | |
| 10. **Emilio** | Un café y una naranja. | |
| 11. **Camarero** | ¿Con ensalada o patatas fritas? | |
| 12. **Camarero** | ¿Qué van ustedes a tomar? | |
| 13. **Camarero** | Una tortilla de queso con patatas fritas, y un bocadillo de jamón. ¿Y para beber? | |

Emilio ¿Qué quieres tomar? _____

Rosa _____

Emilio _____

Rosa _____

Emilio _____

Rosa _____

Camarero _____

_____

_____

_____

_____

_____

# Word Power

## 3. Fruit, vegetables, or meat?

Put the following words into the appropriate category.

pollo lechuga manzana cordero plátano bistec patata jamón guisantes limón judías zanahorias cerdo cebolla salchichas naranja fresa chorizo

| Fruit | Vegetables | Meat |
|---|---|---|
| | | |

## 4. Shopping list

Match the two columns to find the exact kind of product on Cristina's shopping list.

1. vino ( )
2. agua ( )
3. leche ( )
4. yogur ( )
5. café ( )
6. jamón ( )
7. pan ( )
8. patatas ( )

a. desnatada
b. de York
c. tinto
d. descafeinado
e. mineral
f. fritas
g. natural
h. integral

# Language Focus

## 5. Do this!

Choose one of the commands from the box for each sentence.

1. _____ Vd esa blusa azul, por favor. Quiero verla de cerca.

2. _____Vd las patatas en mi bolsa, por favor.

3. _____ Vd medio kilo de tomates, por favor.

4. Doce euros, _____ Vd.

5. Camarero, _____ Vd dos cervezas, por favor.

6. _____Vds un momentito. El museo se abre muy pronto.

**deme
enséñeme
tome
tráiganos
ponga
esperen**

## 6. ¿A cuánto están hoy?

Say how much these items are today in the supermarket.

**Example:** patatas 1 euro kilo   *Las patatas están a 1 euro el kilo.*

1. cerveza  2 euros  botella _____

2. mantequilla  1,25 euros  paquete _____

3. bombones  4,50 euros  caja _____

4. pan  0,25 euros  barra _____

5. alubias  0,50 euros  lata _____

6. puré de tomate  0,60 euros  tubo _____

7. agua mineral  0,35 euros  litro _____

8. zanahorias  0,20 euros  medio kilo _____

# Reading Corner

## 7. Cristina's letter

Cristina is writing a letter to her mother, and telling her about the argument she had with her husband Felipe yesterday. Make questions from the words given below, and then give short answers.

1. ¿ayer/riñeron/quiénes?

    ------------------------------------------------

2. ¿Felipe/ejercicio/hace?

    ------------------------------------------------

3. ¿desayuno/mucho/come?

    ------------------------------------------------

4. ¿cerveza/hamburguesas/compra/y/quién?

    ------------------------------------------------

5. ¿tenis/a menudo/jugar/suele/al?

    ------------------------------------------------

6. ¿cincuenta/tiene/cuándo/años?

    ------------------------------------------------

Felipe y yo reñimos ayer - sobre la comi-da. ¡Él, come, come, come! Y nunca ha[ce] ejercicio. ¡Es muy grande! Siempre com[e] huevos y salchichas y tostadas para [el] desayuno, y suele tomar una hambur-guesa o una pizza para el almuerzo. Yo compro yogur y fruta y leche, y luego abro el frigorífico, y ¿qué veo? - cerveza, y más hamburguesas y más pizzas! Le gusta el tenis, la natación y el fútbol, pero sólo por televisión. Y el año que viene ¡cumple cincuenta años! ¿Qué hacer?

# Write Here

## 8. Breakfast and lunch

Make sentences about what Emilio, Rosa and Felipe usually eat for breakfast and lunch, as in the example.

|        | Desayuno                             | Cena                  |
|--------|--------------------------------------|-----------------------|
| Emilio | huevo, tostada, café o té            | sopa o tortilla       |
| Rosa   | jugo de naranja, yogur, tostada      | bocadillo             |
| Felipe | huevos, salchichas, tostada, café o té | hamburguesa o pizza |

**Example:** *Emilio toma un huevo, unas tostadas y café o té para el desayuno. Para el almuerzo toma sopa o una tortilla.*

1. Rosa

    ------------------------------------------------

    ------------------------------------------------

2. Felipe

    ------------------------------------------------

    ------------------------------------------------

# UNIT 11: Can you speak English?

In Unit 11 you will talk about things you can and can't do, and about jobs. You will also ask for and give reasons, using ¿por qué? and porque.

## Match Game

### 1. Verbs

Match each verb to the most appropriate phrase.

1. conducir
2. hablar ( )
3. utilizar ( )
4. tocar ( )
5. hacer ( )
6. montar ( )
7. cantar ( )
8. escribir ( )
9. jugar ( )

a. a bicicleta
b. una tortilla
c. al fútbol
d. un autobús
e. una canción
f. una carta
g. inglés y francés
h. la guitarra
i. un procesador de textos

## Talking Point

### 2. Yes, I can.

Rosa wants to get away from Pontevedra for a while, so today she's gone for an interview with a travel company. Fill in the blanks with an appropriate verb from the box.

| conducir | empezar | enseñar | montar | conducir | hablar |
|---|---|---|---|---|---|
| vivir | conducir | escribir a máquina | | utilizar | hablar |

**Rosa** Sé _____ , y también sé _____ un procesador de textos.

**La Sra Jiménez** Eso no es tan importante. Tenemos muchas secretarias. ¿Sabe usted _____ algún idioma extranjero?

**Rosa** Sí, sé _____ inglés y francés, y un poco de alemán.

**La Sra Jiménez** Bien. Y ¿sabe Vd escribirlos también?

**Rosa** Sí, claro.

**La Sra Jiménez** ¿Y sabe Vd _____ ? ¿Sabe Vd _____ un autobús?

**Rosa** ¿Un autobús? No, eso no lo sé conducir. Sé _____ un coche, sé _____ a bicicleta y a caballo, pero - un autobús, ¡no, lo siento!

| **La Sra Jiménez** | No se preocupe - podemos _____ le. ¿Le gusta el sol? |
| **Rosa** | Sí. Nací en Méjico. ¡Me encanta _____ en un clima caluroso! |
| **La Sra Jiménez** | Estupendo. Entonces, le podemos ofrecer un puesto de trabajo. |
| **Rosa** | ¿Cómo secretaria? |
| **La Sra Jiménez** | No, como guía de turismo. ¿Cómo le parece un puesto como guía de un viaje a Méjico? |
| **Rosa** | ¡Fantástico! ¡Me gustaría mucho! |
| **La Sra Jiménez** | Bien. Una pregunta más: ¿puede Vd _____ mañana? |

# Word Power

### 3. Jobs

Match the questions to the responses.

> **cocinar   escribir a máquina   conducir   hablar francés   tocar el piano   cantar**

1. ¿Sabe Vd tocar el piano? _____  Sí, claro, soy pianista.

2. _____  Sí, claro, soy profesor de francés.

3. _____  Sí, claro, soy secretaria.

4. _____  Sí, claro, soy cocinero.

5. _____  Sí, claro, soy conductor de autobús.

6. _____  Sí, claro, soy cantante de ópera.

### 4. More jobs

See how many jobs you can find in the *sopa de letras*.

| O | M | E | N | F | E | R | M | E | R | A |
| P | E | R | I | O | D | I | S | T | A | L |
| I | D | I | N | G | E | N | I | E | R | O |
| L | I | D | E | C | N | V | I | P | R | U |
| O | C | E | G | A | T | O | D | I | J | B |
| T | O | L | D | M | I | C | A | N | G | O |
| O | L | E | X | A | S | I | C | T | A | M |
| C | E | C | A | R | T | E | R | O | R | B |
| T | O | R | L | E | A | D | O | R | L | E |
| A | G | U | A | R | D | I | A | T | A | R |
| B | E | L | C | O | C | I | N | E | R | O |

46

# Language Focus

## 5. Question words

Make questions to suit the answers, beginning with one of the question words in the box:

| ¿cómo? | ¿quién? | ¿cuándo? | ¿a dónde? | ¿dónde? | ¿por qué? |

1. _____

   Rosa va a Méjico.

2. _____

   Va el martes que viene.

3. _____

   Porque ahora trabaja como guía de turismo.

4. _____

   Se aloja en un hotel.

5. _____

   Es muy grande.

6. _____

   Nadie va con ella.

## 6. Linking sentences with *porque*

Complete these sentences below by adding *porque,* and choosing a reason from those in the box.

1. Lo siento. No puedo jugar al tenis mañana porque **estoy ocupada** _____

2. No puedo comprar un coche nuevo porque _____

3. Emilio no pudo ir a la fiesta porque _____

4. No fuimos a la piscina porque _____

5. Yo no pude hacer una tortilla porque _____

6. No puedo hacer camping porque _____

7. Rosa no pudo comer su almuerzo porque _____

8. Pedro no fue al museo porque _____

| a. estaba enfermo | b. no tengo tienda | c. no tuvo hambre | d. no tengo dinero. |
| e. estoy ocupada | f. estaba cerrado | g. no tenía huevos | h. hacía frío. |

# Reading Corner

## 7. Rosa's note

Read Rosa's note to Emilio, and then answer the questions below, beginning each one with *porque...*

1. ¿Por qué no puede tomar el almuerzo con Emilio mañana?

   ------------------------------------------

2. ¿Por qué no puede verle la semana que viene?

   ------------------------------------------

3. ¿Por qué no le dijo sus noticias anoche?

   ------------------------------------------

4. ¿Por qué ya no le gusta tanto Pontevedra?

   ------------------------------------------

No puedo tomar el almuerzo contigo mañana. Lo siento, pero tengo un nuevo trabajo. En efecto, no puedo verte esta semana ni la semana que viene. Estoy muy, muy ocupada. Te llamé anoche, pero no estabas en casa. ¿Estabas en el bar? ¿Lo con esa turista extranjera? Ya no importa. Ya no me gusta Pontevedra. Hace frío y siempre llueve. La semana que viene – ¡Méjico! ¡Me encanta Méjico! ¡Hace muchísimo calor! Pues, ¡adiós Pontevedra, adiós Emilio!

# Write Here

## 8. How well can they do it?

Using the information below, make questions and answer them, as in the example.

|  | jugar al tenis | hablar inglés | esquiar |
|---|---|---|---|
| **Cristina** | no muy bien |  | sí, un poco |
| **Felipe** |  | sí, muy bien |  |
| **Juan Carlos** | sí, muy bien | no | en absoluto |
| **Linda** |  | sí, un poco | en absoluto |

**Example:** Cristina/jugar al tenis

¿Sabe Cristina jugar al tenis? No, no sabe jugar muy bien.

1. Felipe/hablar inglés

   ------------------------------------------

2. Juan Carlos/hablar inglés

   ------------------------------------------

3. Cristina/esquiar

   ------------------------------------------

4. Juan Carlos y Linda/esquiar

   ------------------------------------------

5. Juan Carlos/tenis

   ------------------------------------------

6. Linda/hablar inglés

   ------------------------------------------

# UNIT 12: Review

Unit 12 gives you a chance to review the work you did in Units 1–11.

## 1. Matching

Match the sentences which have a similar meaning.

| | |
|---|---|
| 1. Estoy casada. | (   ) a. ¿Tienes hambre? |
| 2. Soy vegetariana. | (   ) b. Fuimos a un restaurante ayer. |
| 3. Vivo en Pontevedra. | (   ) c. Es difícil esquiar. |
| 4. ¿Quieres comer? | (   ) d. ¿Le hablaste ayer por la noche? |
| 5. No es fácil esquiar. | (   ) e. No como carne. |
| 6. Todos salimos a cenar ayer. | (   ) f. Tienen un hijo y una hija. |
| 7. Tienen dos niños. | (   ) g. No estoy soltera. |
| 8. ¿Le llamaste anoche? | (   ) h. Mi dirección es calle del Olmo, 10, Pontevedra. |

## 2. A, B OR C?

Choose which of the answers is correct.

1. Encantado de conocerle.
   a. Muy bien, gracias.
   b. Mucho gusto.
   c. Gracias.

2. ¿Quiere tomar algo de beber?
   a. No, gracias.
   b. Prefiero algo de beber.
   c. Quisiera un bocadillo.

3. ¿Hay tiendas cerca de su oficina?
   a. No es verdad.
   b. Sí, hay algunas, pero no muchas.
   c. Sí, están cerca.

4. ¿Te gusta tu nueva jefa?
   a. Sí, me quiere mucho.
   b. Sí, me gustan bastante.
   c. Sí, me parece bastante bien.

5. ¿Cuánto es aquella camisa azul?
   a. No, es una camisa verde.
   b. Vale veinte euros.
   c. Hay tres camisas.

6. ¿Correos está lejos de aquí?
   a. No, está bastante lejos.
   b. Está a la izquierda.
   c. No, está bastante cerca.

## 3. Numbers

Write these numbers in words.

1. 1° _____    5. 10.500 _____

2. € 450 _____    6. 3° _____

3. 16 _____    7. 1997 _____

4. 60 _____    8. € 775 _____

## 4. Opposites

What are the opposites of these words?

1. calor _____    7. lejos _____

2. siempre _____    8. tío _____

3. malo _____    9. ¡hola! _____

4. negro _____    10. soltero _____

5. cerrado _____    11. hombres _____

6. difícil _____    12. verano _____

## 5. Questions

Make questions to go with these answers.

1. _____
   Cuestan 100 pesos el kilo.

2. _____
   La compré ayer.

3. _____
   Se cierra a las 19.30.

4. _____
   Roja.

5. _____
   Tiene 10 años.

6. _____
   Sí. Tengo dos hijos y una hija.

# 6. Preterite (simple past) tense

What is the preterite tense of these verbs?

1. yo tengo _____

2. tú haces _____

3. nosotros hablamos _____

4. Pedro dice _____

5. yo nado _____

6. ellos vienen _____

7. Vd va _____

8. Vds esperan _____

9. vosotros bebéis _____

10. Cristina conduce _____

# 7. Negatives

Put these sentences into the negative.

**Example:** Escribí una carta a mi madre.  *No escribí una carta a mi madre.*

1. Fuimos de compras ayer. _____

2. La casa tiene jardín. _____

3. Le gusta mucho su nuevo trabajo. _____

4. Compré unas manzanas esta mañana. _____

5. Siempre se levanta a las siete. _____

6. Hicieron camping el año pasado. _____

# 8. Mixed up sentences

Rearrange the words to make sentences.

1. número ? zapatos ¿ quiere qué de

_____

2. sección tercera de la ? la caballeros en ¿ está planta

_____

3. derecha nuestra a casa es segunda la la

_____

4. y familia hotel un alojaron Cristina su se en

_____

5. queso frigorífico ? en hay ¿ el

_____

6. tenis porque puedo estoy al no jugar ocupado

_____

# 9. Find the mistake

Each sentence has one mistake: rewrite the sentences correctly.

**Example:** Fui allí el semana pasada.            Fui allí la semana pasada.

1. La biblioteca es cerrada los domingos.
2. Pedro no tengo hijos.
3. Generalmente yo jugo al tenis los sábados.
4. Todos fuimos en Barcelona en el tren.
5. Mi hermana y mí hicimos camping en Francia.
6. Perdone, eso no está jugo de naranja.

# 10. Shopping list

Work out the ten items Cristina has on her food shopping list, and find out what the eleventh item is reading vertically.

1. Se pone en una paella.

2. Bebes esto en esto.

3. Son pequeños y verdes.

4. Ha vivido en el mar.

5. Puede estar desnatada.

6. Te hacen llorar.

7. La necesitas para hacer pan.

8. Estarás borracho si bebes mucho.

9. Puedes comerlas fritas.

10. Son largas y están hechas de carne y otras cosas.

11. (vertical) ¿Qué más compró?

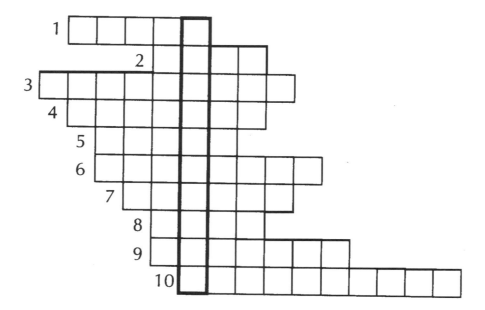

# UNIT 13: What does she look like?

Unit 13 is about describing people, and there is also work on comparing things.

## Match Game

### 1. Who's who?

Match the words to the appropriate picture.

1. alto
2. gordo
3. moreno
4. rubia
5. fuerte
6. vieja
7. contento
8. delgada

## Talking Point

### 2. What does he look like?

Read the conversation between Cristina and her husband, Felipe, and then say if the statements below are true or false.

| | |
|---|---|
| **Felipe** | Vi a ese nuevo reportero en el bar anoche. Estaba un poco borracho. |
| **Cristina** | ¿De verdad? ¿Quién es? |
| **Felipe** | No sé cómo se llama. Le vi en la fiesta de tu oficina la semana pasada. |
| **Cristina** | ¿Cómo es? |
| **Felipe** | Alto y delgado. Tiene el pelo largo y moreno. Tiene unos 30 años. |
| **Cristina** | Es Emilio Torres. Tiene la nariz grande, pero es bastante atractivo. ¿Es él? |
| **Felipe** | Sí, ése es. Anoche no estaba muy contento. Y bebió demasiado. |
| **Cristina** | Es porque su novia tiene un nuevo trabajo. Ayer fue a Méjico como guía de turismo. |

**Felipe**    ¿Aquella joven bonita? ¿Con el pelo corto? ¿Siempre lleva pendientes grandes?

**Cristina**    Sí. Es ella. ¿Por qué? ¿La conoces?

1.  Emilio estaba en el bar anoche. *Verdad/mentira*

2.  Felipe estaba en la fiesta de la oficina anoche. *Verdad/mentira*

3.  Emilio tiene el pelo moreno. *Verdad/mentira*

4.  Emilio es gordo. *Verdad/mentira*

5.  Emilio bebió mucho anoche porque estaba contento. *Verdad/mentira*

6.  A la novia de Emilio le gustan los pendientes grandes. *Verdad/mentira*

# Word Power

## 3. Opposites

What are the opposites of these words?

| | |
|---|---|
| 1. triste _____ | 5. rubio _____ |
| 2. joven _____ | 6. alto _____ |
| 3. barato _____ | 7. grande _____ |
| 4. largo _____ | 8. pesado _____ |

## 4. Parts of the body

Can you name these parts of the body?

1. _ _ _ _ _ _ _ _

2. _ _ _ _ _ _ _ _

3. _ _ _ _ _ _ _ _

4. _ _ _ _ _ _ _ _

5. _ _ _ _ _ _ _ _

6. _ _ _ _ _ _ _ _

7. _ _ _ _ _ _ _ _

8. _ _ _ _ _ _ _ _

# Language Focus

## 5. Comparatives

Write a comparison of the people, places or objects listed below.

**Example:** Emilio/alto/Cristina: *Emilio es más alto que Cristina.*

1. Felipe/gordo/Emilio

2. Rosa/joven/Emilio

3. Madrid/grande/Salamanca

4. El español/fácil/el japonés

5. Cristina/bonita/Rosa

6. Esta falda/buena/aquélla

## 6. Superlatives

Write a sentence to include a superlative.

**Example:** Emilio/hombre/atractivo/oficina:
*Emilio es el hombre más atractivo de la oficina.*

1. Emilio/periodista/listo/compañía

2. Linda/chica/delgada/su clase

3. Sevilla/ciudad/calurosa/España

4. Esta camisa/bonita/tienda

5. Estos zapatos/caros/la zapatería

# Reading Corner

## 7. Blind date

Emilio's friend Pepe has arranged a blind date for him with another friend, Juana. Below is the note that Emilio wrote to Juana, arranging when and where to meet. Fill in the blanks with one of the words from the box.

largo   ojos
más   tengo   misma
alto   llevo

¡Hola! ¿Podemos vernos el viernes? ¿Qué te parece el bar Las Campanas, a las 7.30? Tengo la _____ altura que Pepe, ¡pero soy _____ atractivo! También soy más _____ y negro, y los _____ que él. Tengo el pelo castaños. Siempre _____ vaqueros y chaqueta negra de piel. Por desgracia, ¡no _____ foto!

Hasta viernes.
Emilio Torres.

# Write Here

## 8. Answer the questions

Answer the questions below with full sentences, as in the example:

|  | Esteban | Simón | Susana |
|---|---|---|---|
| **Edad** | 27 | 34 | 31 |
| **Altura** | 189cm | 184cm | 178cm |
| **Peso** | 74kg | 92kg | 61kg |
| **Pelo** | moreno, largo | moreno, corto | rubio, largo |

**Example:**  ¿Quién es el más joven?    Esteban es el más joven.

1.  ¿Quién pesa más? _____

2.  ¿Quién pesa menos? _____

3.  ¿Quién es el mayor? _____

4.  ¿Quién es el más alto? _____

5.  ¿Quién es más joven que Susana? _____

6.  ¿Quién es más bajo que Esteban? _____

7.  ¿Quién tiene el pelo más moreno que Susana? _____

8.  ¿Quién tiene el pelo más corto? _____

# UNIT 14: I'm having a great time!

In this unit you will talk about things that are happening at the moment, describe the weather, and give reasons using *como*.

## Match Game

### 1. The weather

Match the sentence halves.

| | | |
|---|---|---|
| 1. Como está nevando hoy | ( ) | a. es peligroso ir en bicicleta. |
| 2. Como está lloviendo hoy | ( ) | b. no vemos nada del panorama. |
| 3. Como está brillando el sol | ( ) | c. llevo mi sombrero y guantes. |
| 4. Como hay niebla hoy | ( ) | d. los niños están nadando en el mar. |
| 5. Como hace viento hoy | ( ) | e. estoy trabajando en el jardín. |
| 6. Como hace mucho calor hoy | ( ) | f. llevo paraguas. |

## Talking Point

### 2. Old friends

While in Cancún, Rosa calls some old friends, Pablo and Marisol. Fill in the blanks in their conversation.

| | | | | | |
|---|---|---|---|---|---|
| visitando | limpiando | llamando | haciendo | trabajando | viviendo |
| lavando | haciendo | viviendo | escuchando | trabajando | |

**Rosa**   ¡Oiga! ¿Pablo? Soy Rosa, Rosa Enríquez.

**Pablo**   ¡Rosa! ¿Qué tal estás?

**Rosa**   Bien, ¿y tú?

**Pablo**   Estupendo. Pero, ¿dónde estás ahora? ¿Qué estás _____ ? ¿Estás _____ desde España? ¿O estás aquí en Cancún?

**Rosa**   Estoy en Cancún.

**Pablo**   ¿De vacaciones?

**Rosa**   No. Tengo un nuevo trabajo como guía de turismo.

**Pablo**   ¡Estás _____ de guía de turismo en Cancún! ¡Fantástico! ¿Estás _____ en Cancún también?

| | |
|---|---|
| **Rosa** | No, no estoy _____ en Cancún, sólo estoy _____ Méjico durante diez días con un grupo de turistas. ¿Y tú? ¿Qué estás _____ ? |
| **Pablo** | En este momento estoy _____ la ropa y _____ la casa. También estoy _____ la radio. |
| **Rosa** | ¿Dónde está Marisol? |
| **Pablo** | Marisol está _____ en la oficina hoy. Dime, ¿estás libre esta noche? ¿Quieres cenar con nosotros? |
| **Rosa** | ¿En vuestra casa? ¿Quién prepara la cena? |
| **Pablo** | Yo, claro. |
| **Rosa** | Bien. ¡Me gustaría mucho! ¿A qué hora? |

# Word Power

## 3. Odd man out

Circle the word or phrase which doesn't belong.

1. está nevando   está caliente   hay niebla   está lloviendo   hace viento

2. trabajando   esquiando   nadando   bailando   patinando

3. siempre   generalmente   a veces   a menudo   ahora

4. hoy   esta mañana   ahora   semana   esta tarde

5. paraguas   guantes   sombrero   bufanda   calcetines

6. periódico   libro   folleto   revista   procesador de textos

## 4. Find the country

Where does Cristina want to go on vacation this year?

1. ¿Quién está _____ esa canción?

2. Están _____ Méjico y Guatemala.

3. Emilio está _____ el coche.

4. Cristina está _____ el periódico.

5. Rosa está _____ desde Méjico.

6. Esteban está _____ de camarero.

7. Felipe está _____ una carta.

8. Hace mucho calor, entonces estamos _____ en el mar.

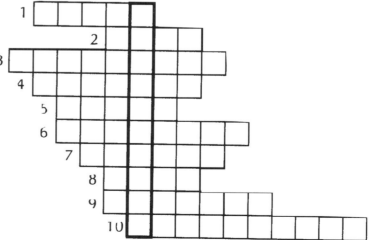

# Language Focus

## 5. Simple present vs progressive

Fill in the blanks, using either the progressive present (*estar* + *-ando/iendo*) or the simple present, as appropriate.

1. (ducharse) Generalmente _____ por la mañana, pero esta mañana (bañarse) _____ .

2. (comprar) Generalmente Cristina _____ provisiones en el supermercado, pero hoy las _____ en la tienda de la esquina.

3. (conducir) A menudo Felipe _____ el coche cuando están de vacaciones, pero Cristina lo _____ en la foto.

4. (viajar) Yo casi siempre _____ en tren, pero hoy _____ en avión.

5. (preparar) Por lo general Marisol _____ la cena los domingos, pero hoy Pablo la _____ .

6. (patinar) Esta mañana los niños _____ . _____ todos los sábados por la mañana.

# Reading Corner

## 6. Rosa's postcard

This is the postcard Rosa has been writing. Make questions about the postcard to go with the answers below.

¡Hola mamá y papá!
Lo estoy pasando estupendamente. El sol está brillando, estoy sentada al lado de la piscina del hotel, y estoy bebiendo una cerveza fría. Pero hoy es mi único día libre. Hay 35 personas en el grupo, y sólo hay una guía - ¡yo! Entonces, estoy muy ocupada. Ayer llamé a mis viejos amigos Pablo y Marisol - ¿Los acordáis de ellos? Ambos están bien, y ahora tienen tres niños. Marisol está trabajando en una empresa de informática, pero Pablo no está trabajando; está buscando trabajo, pero generalmente se queda en casa a cuidar a los niños.

**Example:** ¿Dónde está sentada Rosa? _____ Al lado de la piscina

1. _____ Una cerveza fría.
2. _____ No. Hoy está libre.
3. _____ Treinta y cinco.
4. _____ Ayer.
5. _____ Tres.
6. _____ En una empresa de informática.
7. _____ Ahora no.

# Write Here

## 7. Now he is, now he isn't

Make sentences using the cues, as in the example.

**Example:** Juan Carlos y Linda – tenis ✗ – baloncesto ✓

*Juan Carlos y Linda no están jugando al tenis, están jugando al baloncesto.*

1. Cristina – desayuno ✗ – cena ✓

-----------------------------------------------------------------

2. Juana – tarjeta postal ✗ – carta ✓

-----------------------------------------------------------------

3. Emilio y su amigo – vino ✗ – cerveza ✓

-----------------------------------------------------------------

4. Juan Carlos – como camarero ✗ – como cartero ✓

-----------------------------------------------------------------

5. Linda – esquiar ✗ – patinar ✓

-----------------------------------------------------------------

6. Papá – revista ✗ – periódico ✓

-----------------------------------------------------------------

# UNIT 15: Are you doing anything on Sunday?

In Unit 15 you will talk about the future and make plans, invitations and suggestions.

# Match Game

## 1. Invitations

Match the invitations or comments on the left with a suitable response from the right.

1. ¿Quisieras ir al teatro sábado por la noche?
2. ¿Estás libre esta tarde?
3. ¿Vamos a ver la película en la tele esta noche?
4. A las 7.30 delante de la estación - ¿vale?
5. ¿Estás ocupado el domingo?
6. Quisiera invitarte a celebrar mi cumpleaños.
7. Lo siento, pero doy clases todo el día el martes.

( ) a. Sí, voy a jugar al tenis.
( ) b. Estupendo! ¿Qué día es?
( ) c. Pues no importa.
( ) d. ¡Me gustaría mucho! ¿Qué ponen?
( ) e. Buena idea.
( ) f. Bueno. Nos veremos allí.
( ) g. ¿Por qué? ¿Qué pasa?

# Talking Point

## 2. Birthday invitation

Fill in the blanks with an appropriate phrase.

**Pili**      Oiga, ¿eres Felipe? Soy Pili. ¿Puedo hablar con Cristina, por favor? ¿Está ahí?

**Felipe**    Hola, Pili. Sí, está. (1) _____ - está en el dormitorio. *(Shouting)* ¡Cristina! ¡Pili te llama al teléfono! Ya viene, Pili.

**Pili**      Gracias. .....Cristina, ¡hola! (2) _____ . ¿Estás ocupada?

**Cristina**  No, es igual. Estaba arreglando el dormitorio. ¿Qué quieres?

a propósito
no importa
¿vale?
espera un momento
no sé
claro
perdona la molestia
creo que sí

| Pili | Bueno, pues, ¿estás libre el martes que viene por la noche? |
|---|---|
| **Cristina** | (3) _____ . ¿Qué fecha es? |
| Pili | El dos, el dos de junio. Es el cumpleaños de Juan y vamos a salir con unos amigos a cenar al nuevo restaurante mejicano. ¿Queréis ir tú y Felipe? |
| **Cristina** | (4) _____ . Espera un momento, voy a mirar mi agenda. Sí, estoy libre. Ah, Felipe va a una reunión a Orense aquel día. (5) _____ ¡puedo ir yo! |
| Pili | Bien. |
| **Cristina** | ¿Cuándo y dónde nos vemos? |
| Pili | En nuestra casa, sobre las 8.30.(6) _____ . |
| **Cristina** | Vale, muy bien. (7) _____ , ¿qué le vas a regalar para su cumpleaños? |
| **Pili** | (8) _____ quizás una pequeña máquina fotográfica o un reloj. |

# Word Power

## 3. The months

Write out the dates in full. Remember that in Spanish the day comes before the month.

**Example:** 15/3 _quince de marzo_

1. 23/2 _____
2. 14/12 _____
3. 21/1 _____
4. 30/4 _____
5. 24/6 _____
6. 31/3 _____

7. 12/10 _____
8. 1/5 _____
9. 11/11 _____
10. 19/8 _____
11. 7/7 _____
12. 2/9 _____

## 4. How about going to ...

Below are some places or events you might receive an invitation to. Rearrange the letters to find out what they are.

1. nice _____
2. aterot _____
3. nareaturtes _____
4. libea _____

5. tasife _____
6. coscatide _____
7. trocencio _____
8. osume _____

# Language Focus

## 5. Did you give it to him?

Answer the questions.

**Example:** ¿Leíste el cuento a los niños? (anoche) *Sí, se lo leí anoche.*

1. ¿Mandaste la tarjeta postal a mamá? (ayer por la mañana)

   ------------------------------------------------------------

2. ¿Escribiste la carta a tu hermana? (la semana pasada)

   ------------------------------------------------------------

3. ¿Regalaste el reloj a Felipe? (para su cumpleaños)

   ------------------------------------------------------------

4. ¿Diste los calcetines a Emilio? (el otro día)

   ------------------------------------------------------------

5. ¿Enviaste el fax al jefe? (anoche)

   ------------------------------------------------------------

6. ¿Describiste tu trabajo a tus amigos? (en detalle)

   ------------------------------------------------------------

## 6. *soler* or *ir a?*

Make questions using *soler* or *ir a.*

**Example:** ¿Qué/Vd/ver/tele/los sábados? *¿Qué suele Vd ver en la tele los sábados?*

¿Qué/Vd/ver/tele/esta tarde/? *¿Qué va Vd a ver en la tele esta tarde?*

1. ¿A qué hora/Emilio y Pepita/ir/el cine/hoy?

   ------------------------------------------------------------

2. ¿Cuánto tiempo/Rosa/quedarse/Méjico/esta vez?

   ------------------------------------------------------------

3. ¿Qué/tú/hacer/los fines de semana?

   ------------------------------------------------------------

4. ¿Felipe/lavar/coche/los domingos?

   ------------------------------------------------------------

5. ¿Qué/Cristina y Felipe/ver/teatro/hoy?

   ------------------------------------------------------------

# Reading Corner

## 7. The barbecue

Pepita's friends Pedro and Marta are having a barbecue for her. Below is an invitation to some more of their friends. Put the lines in the right order.

Querido Tomás:

1. traer a la familia y los trajes de baño. Los Pérez
2. por la tarde. Una vieja amiga está de visita desde
3. barbacoa. Vamos a preparar un
4. tres perros! Bueno, ¡hasta domingo – a partir de las dos!
5. montón para comer y beber, pues sólo tienes que
6. Hola, ¿qué tal estás? Os
7. España y vamos a hacerle una
8. invitamos a nuestra casa el domingo
9. vienen y Julia y Javier también, ¡con sus

# Write Here

## 8. The game of tennis

Two friends are trying to arrange a game of tennis. Look at the calendar, and respond to the suggested times, as in the example.

Example:  ¿Cómo te parece lunes por la noche?

_Lo siento, pero lunes voy a ver una película con mi familia._

1. ¿Cómo te parece martes por la tarde?

2. ¿Cómo te parece el día 5, por la tarde?

3. ¿Cómo te parece jueves por la mañana o por la tarde?

4. ¿Cómo te parece el 7 de mayo?

5. ¿Cómo te parece sábado por la mañana?

6. ¿Cómo te parece domingo por la mañana?

| MAYO | | | | | | |
|---|---|---|---|---|---|---|
| lunes | martes | miércoles | jueves | viernes | sábado | domingo |
| 3 6.30 cine con la familia | 4 10.00- médico 6.00 visitar a mamá | 5 2.00 golf con Tomás fiesta en casa de Cristina | 6 cuidar a los niños | 7 pintar el cuarto de baño | 8 9.30 llevar a los niños al teatro | 9 misa cenar con mamá |

# UNIT 16: Do you come here often?

In this unit you will find examples of small talk, and practice in asking for and giving permission to do something. You will also talk about how often you do something.

# Match Game

## 1. Me too

Match the statements on the left with a response from the right.

1. A mí me encanta el ballet.
2. Estoy aprendiendo la guitarra.
3. A mí no me gustan los deportes.
4. Mis padres no vienen nunca.
5. No hago nada este fin de semana.
6. ¿A ustedes les gusta el teatro?
7. No le di a Juan Carlos un regalo de cumpleaños.
8. Mis padres viven en Córdoba.
9. Mi piso es muy caro.

( ) a. Los míos tampoco.
( ) b. Tampoco yo.
( ) c. Los míos también.
( ) d. Yo sí, un disco compacto.
( ) e. Sí, bastante.
( ) f. A mí, no.
( ) g. El mío también.
( ) h. Y yo el piano.
( ) i. A mí tampoco.

# Talking Point

## 2. Small talk

Insert the definite or indefinite article if required.

**Juana**  Este es _____ bar precioso, ¿no? ¿vienes aquí a menudo?

**Emilio**  Sí, dos o tres veces por _____ semana. ¿Y tú? ¿Qué te gusta hacer en tus ratos libres?

**Juana**  Vamos a ver. Me gusta cantar, y estoy aprendiendo _____ guitarra. Tengo clase todos _____ martes y sábados. Y me gusta _____ pintura. Y voy bastante frecuentemente _____ cine también.

**Emilio**  Estás bastante ocupada, ¿no? Y ¿vas a veces _____ teatro?

**Juana**  Sí, me encanta _____ teatro.

| Emilio | A mí, también. En efecto, tengo dos entradas para _____ Teatro Real, _____ viernes por _____ noche. ¿Te gustaría ir? |
| Juana | Sí, me gustaría muchísimo. |
| Emilio | Bien. Vamos a tomar _____ otra copa. Ah, _____ momentito.... ¿Por qué no vamos a _____ otro bar? |
| Juana | Si quieres. Pero, ¿por qué? y ¿quién es aquella mujer extraña? ¿Qué está haciendo? ¿Por qué te está mirando? |
| Emilio | No es nada. No la conozco. Vamos. |

# Word Power

## 3. Categories

Put these words into the appropriate categories.

un teléfono    el fútbol    el francés    un calendario    una máquina fotográfica    la televisión
películas    la cocina    un ordenador    una pintura    una obra de teatro    la guitarra
un vídeo    un reloj    el dinero    una foto    la mecanografía

1. Things to learn _____

2. Things to watch or see _____

3. Things to use _____

# Language Focus

## 4. I always do that.

Say what you always do or never do, choosing a verb from the box to suit the sentence.

   **Example:**  Yo siempre vengo aquí los sábados.

1. Yo siempre _____ un pastel para los domingos.

2. Yo siempre _____ frío en invierno.

3. Yo siempre _____ cerveza del supermercado los viernes.

4. Yo siempre _____ la misma historia cuando esa mujer me habla.

5. Yo nunca _____ sin paraguas en Pontevedra.

6. Yo siempre _____ con cuidado en esta ciudad.

7. Yo nunca me _____ mi mejor vestido cuando preparo la comida.

8. Yo nunca _____ qué hora es.

> **venir**
> **saber**
> **oír**
> **traer**
> **tener**
> **poner**
> **conducir**
> **hacer**
> **salir**

# 5. Asking permission

Ask somebody's permission to do something, beginning ¿*Me permites/me permite usted?* or ¿*se puede?* + infinitive, as in the example. Use formal or familiar address according to the context.

**Example:** Vd quiere utilizar el teléfono de alguien.

*¿Me permite Vd utilizar su teléfono?*

*¿Se puede utilizar su teléfono?*

1. Vd quiere escuchar la radio.

   ------------------------------------------------

2. Quiere leer el periódico de alguien.

   ------------------------------------------------

3. Quiere utilizar la máquina fotográfica de alguien.

   ------------------------------------------------

4. Quiere sentarse al lado de alguien.

   ------------------------------------------------

5. Tiene frío. La ventana está abierta.

   ------------------------------------------------

6. Hace calor. La puerta está cerrada.

   ------------------------------------------------

# 6. Giving permission

Match these responses to the requests above, and write them in the appropriate place.

**Example:** ¿Me permite Vd utilizar su teléfono?

*Claro. ¿A quién llama?*

| Give permission | Refuse permission |
|---|---|
| a. Sí, claro. Hace frío, ¿no? | e. Pero no tiene rollo. |
| b. Claro. Siéntese. | f. Lo siento. Estoy leyéndolo. |
| c. Desde luego. ¿Qué programa ponen? | |
| d. Sí, apenas respiramos aquí. | |

# Reading Corner

## 7. ¿Cuántas veces?

After reading this description ask questions about the person's schedule, beginning with *¿Cuántas veces..?* to go with the responses below.

**Example:** ¿Cuántas veces da clase de español?

Tres veces por semana.

1. _____

Dos noches por semana.

2. _____

Una vez por año.

3. _____

Dos veces por año.

4. _____

Una noche por mes.

5. _____

Un fin de semana por mes.

Estoy bastante ocupada. Tengo un em a tiempo parcial como profesora de español, y doy clase los lunes, martes viernes por la mañana. Voy a la piscin todos los martes y viernes por la noche, pero el primer viernes de cada mes ten clase de baile, y por eso no puedo ir a la piscina entonces. Cada año hago camping con unos amigos, y este año vamos a Francia, y por eso actualmente hacemos clase de francés: sólo estudiamos una vez por semana, los miércoles por la mañana, pues no aprendemos mucho. Y no puedo ir la semana que viene porque voy al dentista (le veo una vez cada seis meses). Mi madre viene a visitarme una vez por mes, generalmente el primer fin de semana, pero este mes lo cambié, porque voy a una fiesta el sábado por la noche.

# Write Here

## 8. Do you ever ...?

Answer these questions about yourself.

**Example:** ¿Hace Vd camping de vez en cuando? Sí, hago camping unas dos veces por año.

or No, nunca hago camping.

1. ¿Hace Vd esquí de vez en cuando? _____

2. ¿Escucha Vd ópera de vez en cuando? _____

3. ¿Habla Vd alemán de vez en cuando? _____

4. ¿Bebe Vd whiskey de vez en cuando? _____

5. ¿Va Vd en bicicleta de vez en cuando? _____

6. ¿Lleva Vd vaqueros de vez en cuando? _____

# UNIT 17: It's going to be a busy month.

In Unit 17 you will talk about the future, predict what is going to happen, and ask for more information.

## Match Game

### 1. Making sentences

Match the two parts to make complete sentences.

1. Voy a escuchar
2. Van a levantarse
3. ¿Por qué está
4. Vamos a ir
5. Me gustaría
6. ¿Podría hablar
7. ¿Qué vas a escribir

( ) a. ver una película.
( ) b. mirándome?
( ) c. con Emilio, por favor?
( ) d. en esa carta?
( ) e. hoy por la noche.
( ) f. la radio.
( ) g. a las 7.30.

## Talking Point

### 2. The argument

Cristina is having an argument with her son Juan Carlos. Reorder the lines to find out what they are arguing about.

1. **Juan Carlos** No, no voy a aprobar, pero no importa.

2. **Juan Carlos** No voy a buscar trabajo.

3. **Juan Carlos** No, todavía no.

4. **Juan Carlos** No voy a la universidad. Voy a viajar a los Estados Unidos y luego a Argentina.

5. **Juan Carlos** No estoy haciendo nada. ¿Por qué?

6. **Cristina** ¿Qué no vas a buscar trabajo? Pues, ¿qué vas a estudiar en la universidad?

7. **Cristina** ¿Por qué no estás estudiando? ¡Tienes tus exámenes el mes que viene! ¿Y tu futuro? ¿No vas a aprobar tus exámenes?

8. **Cristina** Juan Carlos, ¿qué estás haciendo en tu cuarto?

9. **Cristina** ¿Por qué no importa? ¿Qué va a pasar después de tus exámenes? ¿Qué trabajo vas a hacer?

10. **Cristina** ¿Cómo? Y ¿de dónde vas a sacar el dinero? ¿Qué vas a hacer allí? ¿Por qué no me lo has dicho? ¿Se lo has dicho a tu padre?

# Word Power

### 3. What's going to happen?

Use one of the words or phrases in the box to make a sentence for each picture.

llegar tarde
llover
caerse
romperse
echar al correo
chocarse
abrir

**Example:**   Va a cerrar la ventana.

1.

1. _____

2. _____

3. _____

4. _____

5. _____

6. _____

7. _____

3.

2.

7.

6.

5.

4.

### 4. Choose the verb

1. (¿Oyó/escuchó) _____ Vd lo que pasó anoche?

2. ¿Cristina y Felipe van a (venir/ir) _____ a Méjico este año?

3. ¿Qué vas a (decirle/hablarle) _____ a tu marido?

4. (¿Viste/miraste) _____ los Pirineos desde el avión?

5. ¿El camarero va a (llevar/traer) _____ las cervezas?

6. Lo siento, pero no (entiendo/conozco) _____ la pregunta.

# Language Focus

## 5. Gossip - making questions

Respond to these statements using *ir a*, as in the example.

   **Example:** Vamos al extranjero este año.

   (¿adónde/ir) *¿De verdad? ¿Adónde van a ir?* ----------------------------

1. Este mes Emilio compra un nuevo coche.

   (¿qué tipo?) ------------------------------------------------------------

2. La semana que viene pintamos el cuarto de baño.

   (¿de qué color?) --------------------------------------------------------

3. Sábado por la noche llevo a Juana al teatro.

   (¿qué/ver?) -------------------------------------------------------------

4. El mes que viene Pedro y Marta mudan de casa.

   (¿adónde?) --------------------------------------------------------------

5. El viernes Cristina invita a unos amigos a cenar.

   (¿A quiénes/invitar?) ----------------------------------------------------

6. ¡Olé! ¡Tengo un nuevo empleo!

   (¿Cuándo/empezar?) -----------------------------------------------------

## 6. Somebody/nobody, somewhere/nowhere, something/nothing

Complete the sentences with *alguien/nadie, alguna parte/ninguna parte, algo/nada*.

1. No vamos a la fiesta. No va a haber _____ interesante allí.

2. Cállate, estoy viendo _____ interesante en la tele.

3. No tenemos mucho dinero, pues no vamos a _____ este año.

4. ¿Hay _____ aquí?

5. La oficina de Cristina está en _____ de Villaverde.

6. Emilio me va a regalar _____ muy caro para mi cumpleaños.

7. ¿Cristina? ¿Estás ahí? _____ te quiere hablar por teléfono.

8. Tengo mucha hambre pero no hay _____ en el frigorífico.

# Reading Corner

## 7. Your future

Read the horoscope, and then correct the statements below.

**Example:** Va a tener un buen mes en el trabajo.

*No, voy a tener un mal mes en el trabajo.*

1. Va a tener problemas con el dinero al principio del mes.

   ----------------------------------------

2. Va a haber noticias de la familia.

   ----------------------------------------

3. Su compañero va a estar contento/a.

   ----------------------------------------

4. Va a haber disputas con su jefe.

   ----------------------------------------

5. Va a ser un mes tranquilo socialmente.

   ----------------------------------------

6. No va a necesitar mucho ejercicio.

   ----------------------------------------

### Su horóscopo para este mes:

**Trabajo:** Este no va a ser un buen mes para Vd, pues ¡tenga cuidado! Va a tener algunos problemas con los colegas al principio del mes y con el dinero al fin del mes.

**Amor:** Va a recibir noticias de un/a viejo/a amigo/a - quizás una carta, quizás le llama por teléfono, y esto va a causar problemas con tu compañero/a; va a tener celos. Va a haber disputas.

**Salud:** Va a ser un mes ocupado socialmente - muchas fiestas e invitaciones, pues ¡cuídese la salud! Va a necesitar mucho ejercicio, sueño y un régimen sano.

# Write Here

## 8. Linda's resolutions

Last year, Cristina's daughter, Linda, wrote a list of ambitions in her secret diary, but now she's changed her mind about most of them. Using the notes below, write her new list of resolutions.

**Example:** casarme - ~~Juan~~ Esteban *No voy a casarme con Juan, voy a casarme con Esteban.*

1. aprender - ~~guitarra~~ piano

   ----------------------------------------

2. hacerme - ~~profesora~~ ingeniera

   ----------------------------------------

3. vivir - ~~Canadá~~ Brasil

   ----------------------------------------

4. conducir - ~~Rolls Royce~~ Porsche

   ----------------------------------------

5. ser - ~~hermosa~~ rica

   ----------------------------------------

6. tener - ~~perros~~ caballos

   ----------------------------------------

# UNIT 18: Two tickets to Granada, please.

Unit 18 is about travel: buying tickets, finding out train times, asking for repetition of relevant information, and making polite requests.

## Match Game

### 1. What for?

Match each question to a suitable response.

1. ¿Para qué va Vd a Granada?
2. ¿Para qué vas al centro de deportes?
3. ¿Para qué vas a la estación?
4. ¿Para qué vas al hotel Sol?
5. ¿Para qué vas al aeropuerto?
6. ¿Para qué vas al banco?

( ) a. para reservar una habitación para un amigo.
( ) b. para cambiar dinero.
( ) c. para ver a mis padres.
( ) d. para jugar al tenis.
( ) e. para sacar dos billetes para Córdoba.
( ) f. para esperar a un amigo que llega del Perú.

## Talking Point

### 2. Buying train tickets

Juana is taking a reluctant Emilio to Granada to meet her parents. They are at the station now, buying tickets. Complete their conversation by filling in the blanks with words or phrases from the box.

**Empleado**  ¿Qué desea?

**Juana**  Quiero dos billetes de _____ a Granada, por favor.

**Empleado**  ¿En el AVE? Y ¿ _____ Vds en el AVE?

**Juana**  Sí. Dos de ida y vuelta en el AVE.

**Empleado**  Aquí tienen. Son 50 euros.

**Juana**  ¿ _____ ?

**Empleado**  50 euros, el suplemento AVE _____.

**Juana**  Gracias. Puede decirme a qué hora _____ el tren para Granada?

sale
quedarme
vuelven
andén
ida y vuelta
incluido
debes
cuántos son

73

**Empleado** A ver. El AVE para Granada sale a las 09.27, del _____ 3.

**Juana** Gracias. Vamos, Emilio.

**Emilio** Pero quiero _____ en Pontevedra hoy, para lavar mi coche y para reunirme con mis amigos, y para ir al bar. ¿Para qué vamos a Granada hoy?

**Juana** Tú sabes para qué - para presentarte a mis padres. Vamos. Y me _____ 50 euros.

 # Word Power

### 3. *a* or no *a*?

Cross out *a* where it isn't necessary.

1. Emilio quiere *a* quedarse en Pontevedra hoy.

2. Va *a* ver *a* sus amigos.

3. Ya no quiere *a* Rosa, pero no quiere *a* Juana tampoco.

4. Juana va *a* llevar *a* Emilio *a* Granada para presentarle *a* sus padres.

5. Los padres de Juana tienen *a* tres perros.

### 4. *a* or *en*?

1. Los padres de Juana viven a/en Granada.

2. Hoy van a estar a/en casa.

3. Juana va a/en casa a verles.

4. Al volver a Pontevedra van a ir a cenar a/en un restaurante.

5. Emilio prefiere cenar a/en su bar favorito.

### 5. Word puzzle

All the clues in the puzzle are about travel and hotels.
Fill them in to find one more word connected with transportation.

1. Dos de _____ y vuelta a Los Cabos, por favor.

2. El tren sale del _____ 6.

3. ¿Vamos a comer en el _____ ?

4. ¿Tienen una habitación _____ ?

5. ¿Dónde está la _____ del autobús número 2?

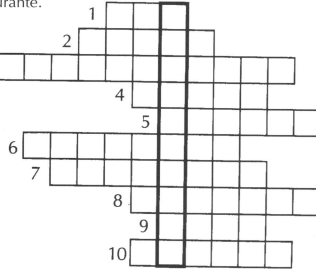

6. ¿El precio incluye el _____ ?

7. Dos _____ de segunda para Santa Cruz, por favor.

8. ¿Aceptan tarjetas de _____ ?

9. ¿Vamos en _____ o en avión?

10. Necesitamos una habitación para tres _____ .

# Language Focus

## 6. Getting information

Imagine you can't understand or can't hear what someone says to you: ask for repetition.

**Example:** El próximo vuelo para Tokio es miércoles.     *Perdone Vd, ¿cuándo?*

1. El próximo autobús para Sevilla es aquel azul.     _____

2. Deme dos de ida para Segovia, por favor.     _____

3. ¿El señor Moreno? Le ha llamado el señor Blanco.     _____

4. Una habitación individual cuesta 40 euros por noche.     _____

5. El próximo tren para Barcelona sale del andén 2.     _____

6. El tren llega a París a las 12.35.     _____

## 7. Polite requests - *¿Podría usted ...?*

Read the situations described below, and then make some appropriate requests, beginning *¿podría Vd...?*

**Example:** You want to know the time of the next bus to Sevilla.

*¿Podría Vd decirme a qué hora sale el próximo autobús para Sevilla?*

1. Somebody is speaking very quickly - you don't understand.

_____

2. You want two return (round-trip) tickets to Alicante.

_____

3. You want to know the way to the station.

_____

4. You are on a plane, and you want some water.

_____

# Reading Corner

## 8. Rosa's diary

Rosa is keeping brief notes in her diary about each place the tour stays. Look at the notes below, then rewrite them in full sentences.

Example: hotel desastroso anoche.

Nos alojamos en un hotel desastroso anoche.

----------------------------------

----------------------------------

----------------------------------

----------------------------------

> • Hotel desastroso anoche.
> • Todos en grupo se en-fadan. No habitaciones dobles o con dos camas, no duchas. Habitaciones su-cias, comida restaurante no buena. ¿Buscar otro hotel? – demasiado tarde. Disputa con ger-ente del hotel – hombre no simpático. Todos a España mañana. Vuelo llega Madrid-Barajas 14.30.

# Write Here

## 9. Timetables

Write out conversations about the timetable, like the one in the example.

| | Vigo | Pontevedra | Santiago | La Coruña |
|---|---|---|---|---|
| | 06.04 | 06.36 | 07.52 | 09.03 |
| 1. | 07.18 | 07.51 | 09.05 | 10.24 |
| 2. | 09.58 | 10.26 | 11.38 | 12.55 |

**Example:**

**Viajero** ¿Puede decirme a qué hora sale el próximo tren de Pontevedra a La Coruña?

**Empleado** Sí. Sale a las 06.36.

**Viajero** Y ¿cuándo llega?

**Empleado** Llega a las 09.03.

1. **Viajero** ----------------------------------

   **Empleado** ----------------------------------

   **Viajero** ----------------------------------

   **Empleado** ----------------------------------

2. **Viajero** ----------------------------------

   **Empleado** ----------------------------------

   **Viajero** ----------------------------------

   **Empleado** ----------------------------------

# UNIT 19: I feel terrible.

In this unit, which is about health and exercise, you will say how you feel, give advice, and name parts of the body.

## Match Game

### 1. ¿Qué haces cuando tienes frío?

Match the two halves
of the sentence.

| | | |
|---|---|---|
| 1. Cuando tengo frío | ( ) | a. me acuesto temprano. |
| 2. Cuando me siento solo/a | ( ) | b. voy al centro de deportes. |
| 3. Cuando tengo sueño | ( ) | c. siempre bebo agua o jugo de fruta. |
| 4. Cuando tengo hambre | ( ) | d. me pongo otro suéter. |
| 5. Cuando peso demasiado | ( ) | e. me hago un bocadillo de queso. |
| 6. Cuando tengo sed | ( ) | f. llamo a mi mejor amigo/a. |

## Talking Point

### 2. Pareces cansada

Rosa has just returned from her Mexico trip yesterday, and today while out shopping she bumps into Emilio. Complete their conversation by choosing an appropriate form of the verb to fill the blanks. Note that (+) shows a positive verb and (-) shows a negative verb.

**Emilio** ¡Rosa! ¡Bienvenida! ¿Cómo (ser+) _____ el viaje? (Parecer+) _____ un poco cansada.

**Rosa** Sí, es verdad. Lo (pasar+) _____ estupendamente, pero el viaje de regreso es largo. (Estar+) _____ un poco desfasada por el viaje. Pero, ¡qué mal estás! ¿Qué (pasar+) _____ ?

**Emilio** Me siento terrible. Tengo dolor de cabeza, me (doler+) _____ el estómago, y (poder-) _____ dormir anoche.

**Rosa** ¿Es una resaca? O ¿tienes la gripe? ¿Por qué no vas a casa a acostarte?

**Emilio** (Poder-) _____ . Tengo que ver a alguien en el bar a las 7.30.

**Rosa** ¿Una mujer?

**Emilio**     Sí. En efecto, creo que es el problema. Ayer me (llevar+) _____ a Granada, y conocí a sus padres. (Comer+) _____ allí, pero su madre (cocinar+) _____ muy mal. La comida estaba fatal, y yo (estar+) _____ enfermo en el tren en el viaje de regreso. Fue un día horroroso. Yo (querer-) _____ verla más.

# Word Power

## 3. Body parts

Rearrange the letters to find names for parts of the body, and then find them on the picture.

1. ógasmote _____

2. abacez _____

3. ceñuma _____

4. irapen _____

5. oman _____

6. darillo _____

7. llobito _____

8. epi _____

9. doco _____

10. rucepo _____

## 4. mirar, buscar or parecer?

Choose the correct verb for each sentence.

1. Pablo es contable, pero no lo mira/busca/parece, ¿verdad?

2. ¿Por qué me miras/buscas/pareces así?

3. Rosa mira/busca/parece cansada hoy.

4. Cuando estuvo en Méjico, Rosa miró/buscó/pareció a una prima suya.

5. ¿Qué está Vd mirando/buscando/pareciendo? ¿Puedo ayudarle?

6. Rosa miraba/buscaba/parecía enfadada con el gerente del hotel.

7. - ¡Mire/busque/parezca Vd cómo está esta habitación! - le dijo.

8. Tuvo que mirar/buscar/parecer otro hotel.

# Language Focus

## 5. Advice

Give suitable advice in response to these comments, beginning *¿Por qué no...?* Use the *tú* form of the verb throughout.

**Example:** Me duelen los ojos. (llevar tus gafas)    ¿Por qué no llevas tus gafas?

1. Me duele la cabeza. (tomar aspirinas) _____

2. Tengo un dolor de muelas horrendo. (ir al dentista) _____

3. Tengo mucho frío. (ponerse suéter) _____

4. Me siento terrible. (ver al médico) _____

5. Me siento tan cansado hoy. (acostarse temprano) _____

## 6. Mixed-up sentences

Rearrange the words to make sentences.

1. aburro/voy/me/al/cuando/bar _____

2. ¿ves/por/médico/un/a/qué/no? _____

3. a/Emilio/hermano/parece/no/se/su _____

4. club/voy/nuevo/hacerme/a/aquel/de/deportivo/socio _____

5. parece/usted/hoy/bien/no/muy _____

6. cabeza/fiebre/duele/tengo/me/y/la _____

# Reading Corner

## 7. Problem page

Read this letter to a magazine, and the answer, then correct the statements that follow.

> **Querida tía María:**
>
> ¿Puede Vd ayudarme? Mi problema es que peso demasiado. Cuando era niña, mi madre hacía unos pasteles y postres maravillosos, y comí demasiado entonces. ¡Pesaba demasiado cuando tenía doce años! El año pasado me puse de régimen, pero no adelgacé. Ahora sigo otro régimen, pero es igual. Y no puedo dormir, porque siempre tengo hambre. Me siento muy mal ... y muy sola. ¿Qué puedo hacer?
>
> Paquita

**Example:** La madre de Paquita cocinaba mal.

No. Cocinaba bien. _____

1. Paquita no comía mucho cuando era niña.

-----

2. Adelgazó mucho al ponerse de régimen.

-----

3. Se siente mal porque siempre tiene hambre.

-----

## Querida Paquita:

Cuando pesas demasiado, el régimen es muy importante, pero el ejercicio es importante también. ¿Tomas ejercicio? ¿Por qué no te inscribes a un club deportivo, o clase de ejercicio? Puedes conocer a mucha gente interesante cuando haces deportes. Al hacer ejercicio, te sientes mejor, y tienes mejor apariencia. Buena suerte.

*Tía María*

4. Cuando pesa demasiado, el régimen y el ejercicio no son importantes.

-----

5. Conoces a mucha gente aburrida al hacer los deportes.

-----

6. Te pones mal cuando haces ejercicio.

-----

# Write Here

## 8. *Cuando yo tenía 12 años, ...*

Make sentences about the various events in this person's life, beginning each one with *Cuando yo ...*

**Example:** 12 – me rompí la pierna  *Cuando yo tenía 12 años, me rompí la pierna.*

1. hacía camping en Galicia – llovió todos los días

-----

2. en la universidad – llevaba gafas

-----

3. vivía en Madrid – hacía footing todos los días

-----

4. trabajaba como jardinero – en buena forma

-----

5. trabajaba como camarero – me puse muy gordo

-----

6. de vacaciones a Francia – tuve la gripe

-----

# UNIT 20: How long have you lived here?

In Unit 20 you will find practice with talking about your experiences, and saying how long something has lasted.

## Match Game

### 1. Have/haven't done

Match the sentences that have the same meaning.

1. Todavía está lloviendo.
2. Todavía vivimos en Buenos Aires.
3. Todavía estoy leyendo el periódico.
4. Ya no queda vino.
5. Cristina está todavía en la oficina.
6. Juan Carlos está todavía en la cama.
7. No me acuerdo de su nombre.
8. El tren salió hace 5 minutos.

( ) a. Lo hemos bebido todo.
( ) b. Me he olvidado de cómo se llama.
( ) c. Todavía no se ha ido a casa.
( ) d. Lo hemos perdido.
( ) e. No ha parado.
( ) f. No hemos mudado de casa.
( ) g. Todavía no se ha levantado.
( ) h. No lo he terminado todavía.

## Talking Point

### 2. *Todavía no se ha levantado.*

It's Saturday morning, and Cristina has been out shopping. When she gets back, her daughter Linda is in the kitchen drinking coffee. Read their conversation, and then say whether the statements that follow are true or false.

**Cristina**    ¿Dónde está Juan Carlos?

**Linda**    No sé. No le he visto esta mañana.

**Cristina**    ¿Cómo? ¿No se ha levantado todavía? ¡Es casi la hora de comer!

**Linda**    Creo que fue a la discoteca anoche. Sin duda está cansado.

**Cristina**    Me da igual. ¿Juan Carlos? ¿Juan Carlos? ¡Levántate! ¡Es la hora de comer! Linda, ¿has hecho tu cama?

**Linda**    No, todavía no. Voy a hacerla esta tarde.

| | |
|---|---|
| **Cristina** | Pero vas al festival de jazz esta tarde. |
| **Linda** | Ya lo sé, ya lo sé. |
| **Cristina** | ¿Has salido de paseo con el perro? No lo has hecho, ¿verdad? |
| **Linda** | No. Lo siento. Me olvidé. |
| **Cristina** | ¿Te olvidaste? Linda, ¿qué te ha pasado? Te olvidas de tantas cosas recientemente. ¿Han llamado por teléfono? |
| **Linda** | Sí, ha habido tres llamadas, pero todas han sido para mí. |

1. Juan Carlos está todavía en la cama.  *Verdad/mentira*

2. Linda vio a Juan Carlos en una discoteca.  *Verdad/mentira*

3. Linda no ha arreglado su cuarto.  *Verdad/mentira*

4. Linda no ha salido de paseo con el perro.  *Verdad/mentira*

5. La familia ha almorzado.  *Verdad/mentira*

6. No han llamado por teléfono esta mañana.  *Verdad/mentira*

# Word Power

### 3. ¿*Desde* or *desde hace*?

Fill in the blanks with *desde* or *desde hace*.

1. Vivimos en Nueva York _____ 1982.

2. Cristina está de régimen _____ su cumpleaños.

3. Cristina y Felipe están casados _____ 26 años.

4. Emilio parece fatal. Tiene la gripe _____ el martes pasado.

5. Sólo conozco a Emilio _____ un mes.

### 4. ¿*Has ... alguna vez*?

Some words have become mixed up between these sentences: write them again correctly.

1. ¿Has comido alguna vez la pierna?  _____

2. ¿Has montado alguna vez en un almacén grande?  _____

3. ¿Has ido alguna vez la guitarra?  _____

4. ¿Has tocado alguna vez el vino chileno?  _____

5. ¿Has vivido alguna vez a caballo?  _____

82

6. ¿Has bebido alguna vez la comida japonesa?   `-----------------------------------`

7. ¿Te has roto alguna vez en Montevideo?   `-----------------------------------`

8. ¿Has trabajado alguna vez a un festival de jazz?   `-----------------------------------`

# Focus on structure

## 5. *Sopa de letras*

Can you find the past participles of the following verbs in the *sopa de letras*.
The first one has been done for you.

| | | | | | | | | | |
|---|---|---|---|---|---|---|---|---|---|
| O | C | E | A | H | I | M | I | R | A | D | O |
| R | A | P | U | E | S | T | O | D | O | T | E |
| J | I | M | A | C | H | A | B | L | A | D | O |
| S | D | I | C | H | O | V | E | H | B | D | E |
| A | O | Z | G | O | I | B | E | B | I | D | O |
| L | L | E | G | A | D | O | R | S | E | I | S |
| I | D | S | L | R | O | F | A | S | R | D | V |
| D | E | C | I | S | A | F | R | I | T | O | I |
| O | T | R | A | B | A | J | A | D | O | N | V |
| O | D | I | V | U | E | L | T | O | Y | N | I |
| R | O | T | O | R | U | A | N | D | O | T | D |
| A | R | O | E | S | C | U | C | H | A | D | O |

trabajar   abrir   beber
caer   dar   decir   escribir
escuchar   freír   hablar
hacer   ir   llegar   mirar
oír   poner   romper   salir
ser   vivir   volver

## 6. Choose the tense

Choose which tense of the verb is the more appropriate in each of these sentences.

1. (Fuimos/hemos estado) `----------` tres veces en Suiza recientemente.

2. (¿Fuiste/has ido) `----------` a Córdoba en el tren ayer?

3. (Viví/he vivido) `----------` en Chile cuando era niña.

4. ¿Desde cuándo (estás/has estado) `----------` casado?

5. (Conozco/he conocido) `----------` a los padres de Juana desde hace dos semanas.

6. Juan Carlos todavía no (ha lavado/lavó) `----------` el coche.

7. Perdone, (me he olvidado/me olvidé) `----------` de cómo se llama su esposa.

8. El tren para Córdoba (salió/ha salido) `----------` ya hace cinco minutos.

9. Emilio (es/ha sido) `----------` reportero desde el principio del mes.

# Reading Corner

## 7. The jazz festival

Complete the newspaper article by writing an appropriate verb in the spaces.

escrito   dormirse
oído   encanta
recibido   paró
quejado   vivo

### Los habitantes de Villaverde se quejan del festival.

La policía ha _____ más de cien quejas acerca del ruido del festival de jazz en el Parque Central de Villaverde el sábado y domingo pasados. «Yo _____ en esta calle al lado del parque desde hace 18 años, y en mi vida he _____ semejante ruido,» dijo la Sra Patricia Molinero, de calle del Parque, 24. «No _____ hasta medianoche, y nuestros niños pequeños no podían _____» dijo el Sr Juan Sastre, de la Arboleda del Parque, 37. Su esposa, Juana, dijo: «Nos hemos _____ a la policía, y hemos _____ cartas a los periódicos. Nos _____ el jazz, pero esta música fue un desastre.»

# Write Here

## 8. Have you done it yet?

Cristina has been out again this afternoon, but left a list of things for Juan Carlos to do in the house. She's just phoned home to see whether he's done them or not. Look at the picture, and answer her questions, using the cues provided.

**Example:** arreglar/sala de estar   ¿Has arreglado ya la sala de estar?

_Sí, ya la he arreglado._ or _No, no la he arreglado todavía._ _____

1. lavar/coche

   ------------------------------------

2. hacer/la compra

   ------------------------------------

3. barrer/el suelo

   ------------------------------------

4. fregar/platos

   ------------------------------------

5. hacer/bocadillos

   ------------------------------------

6. echar/cartas al correo

   ------------------------------------

# UNIT 21: I haven't seen you for ages!

In this unit you will find practice with things you say when meeting friends and discussing what has been happening to you. You will also describe when something happened.

## Match Game

### 1. ¿Qué hacías cuando ...?

1. Cuando vivíamos en Portugal
2. Cuando yo aprendía inglés
3. Antes de hacerse reportero
4. Cuando la vi en la calle

5. Antes de casarse con Cristina
6. Cuando Ana tenía sed
7. Cuando era niña
8. Antes de trabajar aquí

( ) a. Emilio era ingeniero.
( ) b. Rosa parecía un poco cansada.
( ) c. Paquita comía muchos pasteles y postres
( ) d. siempre hablábamos portugués con los vecinos.

( ) e. iba a clase dos veces por semana.
( ) f. ¿dónde trabajaba Vd?
( ) g. Felipe parecía soltero confirmado.
( ) h. bebía un jugo de naranja.

## Talking Point

### 2. ¡Cuánto tiempo sin verte!

Put the correct form of the verb in the gaps.

**Rosa**   ¡Ana! ¡Hace meses que no te (ver) _____ ! ¿Qué tal estás?

**Ana**   Rosa, ¡cuánto me alegro de (ver) _____ te! Estoy muy bien. Oye, ¡(oír) _____ hablar de tu nuevo trabajo!

**Rosa**   Sí, ya hace unos dos meses que (trabajar) _____ para la compañía de viajes, y me (gustar) _____ mucho. No he estado mucho en Pontevedra, porque he (estar) _____ de viaje en Méjico. ¿Y tú? ¿Qué has estado (hacer) _____ ?

**Ana**   Sigo (trabajar) _____ en el hospital. Oye, ayer (ver) _____ allí a tu antiguo novio.

| | |
|---|---|
| **Rosa** | ¿A quién? ¿A Emilio? |
| **Ana** | Sí. Yo estaba (pasar) _____ por la recepción, cuando le (ver) _____ . |
| **Rosa** | ¿Qué estaba (hacer) _____ allí? |
| **Ana** | No sé. Yo estaba (charlar) _____ con otro paciente en aquel momento, pues no podía (preguntarle) _____ . Estaba (sentar) _____ en el rincón, y se estaba (frotar) _____ la cabeza. |
| **Rosa** | ¡Dios mío! ¿Un accidente? |
| **Ana** | Quizás. Estaba con una mujer joven. Ella (parecer) _____ muy enfadada, y no estaban (hablar) _____ . |
| **Rosa** | ¡Ah! ¡Una riña! |

# Word Power

## 3. Opposites

What are the opposites of these verbs?

1. perder _____

2. contestar _____

3. comprar _____

4. ir _____

5. enseñar _____

6. recibir _____

7. olvidarse _____

8. despertarse _____

# Language Focus

## 4. Old friends

You bump into an old friend you haven't seen for years, and begin talking about what's been happening in your lives. Ask questions about your friend's comments, beginning *¿Desde cuándo...?* as in the example.

**Example:** Ahora hago vestidos.    *¿De verdad? ¿Desde cuándo los haces?*

1. Ahora estudio el chino. _____

2. Mi hermana vive en el Brasil ahora. _____

3. Ahora mi hermano enseña economía. _____

4. Pedro compra y vende coches ahora. _____

5. Ahora mis padres juegan al golf. _____

## 5. When did it happen ¿Cuándo pasó?

**Example:** ¿Cuándo conociste a tu novia? (trabajar en Zaragoza)

*La conocí cuando estaba trabajando en Zaragoza.*

1. ¿Cuándo encontraste el dinero? (limpiar el armario)

---

2. ¿Cuándo te rompiste el brazo? (esquiar en Los Portillos)

---

3. ¿Cuándo se casaron? (vivir en Santiago de Chile)

---

4. ¿Cuándo llamó Linda? (hablar con un cliente)

---

5. ¿Cuándo perdió Emilio su cartera? (visitar a sus padres)

---

6. ¿Cuándo tuvo Vd el accidente? (viajar a Panamá)

---

# Reading Corner

## 6. The letter

Put the pieces together to find Rosa's letter to her mother.

1. con su nueva novia. Estaban riñendo, ¡y su

2. rato, de modo que no compré tu regalo – lo siento. Ha

3. encontré con ella ayer. Me sorpendí mucho. Estaba haciendo la compra en

4. estado trabajando en el hospital, y la semana pasada vio a Emilio allí

5. novia todavía le estaba pegando allí en el hospital! ¡Ja, ja ja!

6. Galería Ritz para tu regalo de

7. ¿Te acuerdas de mi vieja amiga Ana? ¡me

8. mucho y ¡parece estupenda! Estuvimos hablando largo

9. cumpleaños, cuando la vi. Ha adelgazado

# Write Here

## 7. What were you doing when Mom came home?

What was happening when Mom came home? Look at the picture for a minute, then cover it up and answer the questions below.

1. ¿Qué estaba leyendo el hombre?

2. ¿Qué estaba comiendo el hombre?

3. ¿Llevaba sombrero?

4. ¿En qué estaba sentado?

5. ¿Dónde estaban jugando los niños?

6. ¿La niña estaba riéndose o llorando?

7. ¿Qué estaba agitando el niño?

8. ¿Dónde estaba el gato?

9. ¿Qué estaba haciendo el gato?

# UNIT 22: We'll miss the train if we don't hurry.

In Unit 22 you'll find practice with using the future tense, and with talking about probabilities.

# Match Game

## 1. Similar meanings

Find a word in the second group that is similar in meaning to a word in the first group. (Be careful - there are more words than you need in the second group.)

gustar   vale   gordo   irse
probablemente   volver
empezar   hablar   mirar
entonces

entrar   encontrar   también   ver
comenzar   peso   encantar
regresar   tirar   contar   a lo mejor
derecho   pues   grueso   charlar
marcharse   bien   terminar   fatal

# Talking Point

## 2. Nothing will happen

Felipe and Cristina are talking about a country walk on the weekend. Read their conversation, and then make up questions to go with the answers below.

**Felipe**     He estado pensando en el fin de semana que viene.

**Cristina**   Vale. ¿Y qué?

**Felipe**     Bueno, pues, viernes y lunes son fiesta, ¿no?

**Cristina**   Sí...

**Felipe**     ¿Por qué no nos vamos a alguna parte para los cuatro días? Vamos a la Sierra. Podemos hacer unas excursiones a pie en las montañas.

**Cristina**   Pero a los niños no les gusta nada andar en las montañas.

**Felipe**     No llevaremos a los niños. Les dejaremos aquí.

**Cristina**   ¿Cómo? ¿Dejarles solos?

| | |
|---|---|
| **Felipe** | No hay problema. No pasará nada. Estarán bien. Podrán atenderse a sí mismos. Ya tienen dieciséis y diecisiete años. |
| **Cristina** | Lo sé, pero... ¿Y la comida? |
| **Felipe** | A lo mejor comerán hamburguesas y pizzas para el desayuno, el almuerzo y la cena. No te preocupes. |
| **Cristina** | Y a lo mejor tendrán una fiesta, pasarán la noche bailando. |
| **Felipe** | Que no. Son niños razonables. |
| **Cristina** | Bueno pues, a mí sí que me gustaría irme para el fin de semana... De acuerdo, vamos. |

Example: ¿En qué ha estado pensando Felipe? _____ En el fin de semana.

1. _____ Quiere ir a la Sierra.

2. _____ No, no les llevarán.

3. _____ No, no les gusta nada.

4. _____ Tienen 16 y 17 años.

5. _____ A lo mejor comerán hamburguesas y pizzas.

6. _____ No. Son niños razonables.

# Word Power

## 3. What will happen?

Complete the sentences by filling in an appropriate noun and verb.

tuerzo   empujo   tiro de
tuerzo   empujo   llave
botón   manivela
interruptor   palanca

1. ¿Qué pasará si yo _____ esta _____ ? La ventana se abrirá.

2. ¿Qué pasará si yo _____ este _____ ? Las luces se encenderán.

3. ¿Qué pasará si yo _____ esta _____ ? La puerta se abrirá.

4. ¿Qué pasará si yo _____ esta _____ ? El motor se pondrá en marcha.

5. ¿Qué pasará si yo _____ este _____ ? La radio se encenderá.

## 4. You'll get ...

Find an appropriate word to complete these sentences.

1. Juan Carlos, estarás _____ mañana si no te acuestas temprano hoy.

2. Paquita, te pondrás _____ si comes hamburguesas cada día.

3. Hace mucho calor. Tendrás _____ si no bebes algo.

4. Tendrás _____ si no comes tu almuerzo.

5. Vas a estar _____ si bebes más vino.

6. Todavía es invierno. Tendremos _____ si abres la ventana.

# Language Focus

## 5. *al, sin, para* or *de?*

Complete the sentences by putting *al, sin, para* or *de* in the blanks.

1. Necesitas tres huevos _____ hacer esta tortilla.

2. Rosa se aburre _____ vivir en Pontevedra.

3. Emilio no puede cambiar su trabajo _____ mudar de casa.

4. Compré harina _____ hacer pan.

5. No puedes hacer pan _____ comprar harina.

6. _____ llegar a Cancún, Rosa llamó a sus amigos.

7. No queríamos irnos _____ despedirnos de Vds.

8. _____ volver de Méjico, Rosa estaba bastante cansada.

## 6. Myself

Use one of the reflexive pronouns in the box to fill the blanks in the following sentences.

1. Los sábados Juan Carlos _____ levanta muy tarde.

2. Hace una hora que Linda está en el cuarto de baño. Estará duchándo _____

3. Linda y Juan Carlos, _____ comportaréis bien, ¿no?

4. Felipe, ¿qué haces? _____ afeito en el cuarto de baño.

5. ¿Cómo _____ rompiste la pierna?

6. ¡Cuánto _____ alegramos de verte!

7. ¿ _____ acuerda Vd de mi amiga Ana?

8. El año pasado _____ casé con un chico francés.

| |
|---|
| **me** |
| **te** |
| **se** |
| **nos** |
| **os** |

# Reading Corner

## 7. The party invitations

Here are two party invitations that have been mixed up. Can you straighten them out?

1. Mamá y papá se van para

2. Es el cumpleaños de Rosa el

3. fin de semana que viene (tendrá 30 años), pues

4. el fin de semana, y no volverán hasta lunes, pues

5. queremos hacerle una fiesta. La haremos en

6. ¡vamos a tener una fiesta! será

7. el sábado por la noche, a partir de las 8.30. A lo mejor

8. mi piso el viernes por la noche a partir de las 8.00. Yo no

9. prepararé comida para la fiesta, pero ¿podrías traer

10. voy a preparar comida, porque no tendré tiempo. ¿Podrías traer

11. algo de comer?

12. algo de beber?

13. Gracias. Hasta sábado. Linda.

14. Gracias. Hasta viernes. Susana.

# Write Here

## 8. Will you be all right if we go away for the weekend?

Cristina is imagining all the things that Juan Carlos and Linda will do if she and Felipe go away for the weekend. Make up sentences like the one in the example.

Example: A lo mejor tendrán una fiesta.

1. _____
2. _____
3. _____
4. _____
5. _____
6. _____

6. ¿ver la tele todo el día? ¡sí!

**Example:** ¿fiesta? ¡sí!

4. ¿ir de paseo con el perro? ¡no!

1. ¿bailar toda la noche? ¡sí!

2. ¿hamburguesas para el desayuno? ¡sí!

5. ¿dormir hasta las 12? ¡sí!

3. ¿arreglar su dormitorio? ¡no!

# UNIT 23: What did you say?

In this unit you will relate what people have said, and how they said it.

## Match Game

### 1. How did she say it?

Match the sentences on the left to an appropriate ending.

1. – ¡Nos vamos a casar! –
2. – Mi gato se murió ayer –
3. – ¡Juan Carlos! ¡No hagas eso! –
4. – Emilio, ¡te quiero! –
5. – ¡Chiss! El bebé está durmiendo –
6. – ¡Date prisa! ¡Ya son las 8! –
7. – Este es mi décima copa de vino –
8. – Ahí van Emilio y su nueva novia –

( )   a. dijo apasionadamente.
( )   b. dijo tranquilamente.
( )   c. dijo emborrachada
( )   d. dijo impacientemente
( )   e. dijo con enojo.
( )   f. dijo celosamente
( )   g. dijo alegremente.
( )   h. dijo tristemente.

## Talking Point

### 2. What did he say?

Rosa got this phone call from Emilio last night. Today she is telling her friend Ana about it. Rewrite the conversation in her words.

**Emilio**   Te llamo para decir adiós.

**Rosa**   ¿Adónde te vas?

**Emilio**   (1) Me voy de Pontevedra. Voy a Costa Rica.

**Rosa**   (2) ¿Por qué te vas?

**Emilio**   (3) Tengo demasiados problemas aquí.

**Rosa**   (4) ¿Qué clase de problemas tienes?

**Emilio**   (5) Tengo toda clase de problemas. (6) No me gusta mi trabajo, mi jefa no me quiere, y tengo demasiados problemas con mis amigas.

| | |
|---|---|
| **Rosa** | (7) ¿Qué vas a hacer en Costa Rica? |
| **Emilio** | (8) No sé todavía. A propósito, (9) ¿qué haces el viernes por la noche? |
| **Rosa** | (10) No hago nada. (11) ¿Por qué? |
| **Emilio** | (12) Tengo dos entradas para el teatro. |

**Example:** *Dijo que llamaba para decir adiós. Le pregunté adónde iba.*

1. _____

2. _____

3. _____

4. _____

5. _____

6. _____

7. _____

8. _____

9. _____

10. _____

11. _____

12. _____

 # Word Power

## 3. Laugh or cry?

Match the sentences to an appropriate verb.

| | | | |
|---|---|---|---|
| 1. | ¡Socorro! | a. | rió. |
| 2. | Por favor, ¿qué hora es? | b. | pensó. |
| 3. | Son las dos y media | c. | gritó. |
| 4. | ¡Chisss! ¡Silencio! | d. | lloró. |
| 5. | ¡Ay! ¡Qué triste estoy …! | e. | contestó. |
| 6. | ¡Qué película más divertida! | f. | susurró. |
| 7. | Mmmmm – ¡qué bonita …! | g. | preguntó. |

# Language Focus

## 4. Adverb or adverbial phrase?

Match the adverb in the first column with an adverbial phrase of similar meaning in the second.

| | | | |
|---|---|---|---|
| 1. evidentemente | | a. | llorando |
| 2. verdaderamente | | b. | en voz baja |
| 3. tristemente | | c. | riéndose |
| 4. alegremente | | d. | claro |
| 5. fuertemente | | e. | de prisa |
| 6. silenciosamente | | f. | con fuerza |
| 7. rápidamente | | g. | sin decir nada |
| 8. tranquilamente | | h. | de veras |

## 5. Yes or no?

Change these sentences, as in the example.

**Example:** – ¿Vas a casa? – le preguntó.        *Le preguntó si iba a casa.*

1. – ¿Hace frío fuera? – le preguntó Felipe.     _____
2. – ¿Te gusta el cine? – le preguntó él.     _____
3. – ¿Quieres vino? – preguntó Felipe a su amigo.     _____
4. – ¿Vas a ir al teatro? – preguntó Emilio a Rosa.     _____
5. – ¿Están bien tus padres? – le preguntó.     _____

# Reading Corner

## 6. I heard it in the bank

Cristina was in the bank, when she overheard two young people behind her. When she got home, she told Felipe about it. Read what she said, and then rewrite the conversation in the word balloons.

El chico le preguntó a la chica qué hacía este fin de semana, y ella dijo que iba a una fiesta. Pues le preguntó dónde estaba la fiesta, y ella le dijo que estaba en Villaverde, y que iba a ser una fiesta fantástica. El chico le preguntó por qué iba a ser una fiesta fantástica, y ella dijo que porque los padres de su amiga iban a estar fuera durante el fin de semana. Luego él le preguntó cómo se llamaba su amiga, y ella dijo que se llamaba Linda, y que el hermano de su amiga se llamaba Juan Carlos ...

# Write Here

## 7. ¿Qué se dice?

Answer the questions as in the example.

Example: ¿Qué se dice cuando se quiere saber el precio de algo?

Se dice: ¿Cuánto cuesta esto? ----------------------------------

1. ¿Qué se dice cuando se quiere saber cómo ir a la estación?

   ----------------------------------------------------------------

2. ¿Qué se dice antes de acostarse por la noche?

   ----------------------------------------------------------------

3. ¿Qué se dice si uno se quiere sentar al lado de alguien en el tren?

   ----------------------------------------------------------------

4. ¿Qué se dice cuando se quiere saber a qué hora se cierra la biblioteca?

   ----------------------------------------------------------------

5. ¿Qué se dice cuando se quiere saber la edad de alguien?

   ----------------------------------------------------------------

6. ¿Qué se dice cuando se quiere invitar a alguien a ver una película esta noche?

   ----------------------------------------------------------------

# UNIT 24: Review

This final unit gives you a chance to review all the work you have done in the previous units.

## 1. Opposites

What's the opposite of:

1. un poco        _____
2. limpio         _____
3. llegar         _____
4. tarde          _____
5. igual          _____

6. siempre        _____
7. fuerte         _____
8. mal            _____
9. comprar        _____
10. encontrar     _____

## 2. Find the word

What are these words?

1.  p _ nd _ _ nt _ s        Los llevas en las orejas.
2.  c _ rr _ d _             No abierto.
3.  z _ n _ h _ r _ _        Legumbre.
4.  _ sq _ _ r _ s _         ¡Horrible!
5.  r _ p _ d _ m _ nt _     De prisa.
6.  c _ s _ d _              Tiene marido.
7.  p _ rd _ n               Lo siento.
8.  m_ñ_n_                   Primera parte del día.
9.  _e_ _e_ _o               Bebida fría.
10. e_ _o_ _a_ _a_o          Has tomado mucho vino.
11. _i_í_i_                  No fácil.
12. _ ie _ _a                No ves bien con este tiempo.
13. e _ _ uia _              Necesitas mucha nieve para esto.

## 3. Tense time?

Choose the suitable form for each verb.

1. Mañana Rosa (volvió/volverá) _____ de Méjico.

2. ¿(Has visto/estás viendo)_____ la nueva película de Almodóvar en el cine Planeta?

3. ¿Emilio (encontrará/encontraré) _____ un nuevo empleo en Madrid?

4. El año que viene (fuimos/vamos)_____ al Ecuador.

5. Cuando yo (estaban trabajando/estaba trabajando) _____ en Washington, (viajé/viajaré)_____ mucho por los Estados Unidos.

6. (Ponga/pone) _____ Vd las zanahorias en esta bolsa, por favor.

7. Cristina (ha vivido/vive) _____ en Pontevedra desde hace muchos años.

8. Vamos a (terminando/terminar) _____ aquí.

## 4. Mind your Cs and Qs!

The words in the box below begin with four different sounds. Put them into their four groups.

> **chico quince quién cuándo cero chino clase compra clima cuatro churros cuarto cuenta cincuenta casi cuidar como chaqueta claro quinientos color caro cerrado chocolate qué**

'K'                'KW'                'TH' or 'S'                'CH'

## 5. Find the mistake

Cross out the word that is wrong in each sentence and write in the correct one:

1. Juan Carlos es la persona muy alta de la familia.  _____

2. Creo que va para nevar mañana.  _____

3. ¿Quisieras va al teatro este fin de semana?  _____

4. Le compré un regalo por qué era su cumpleaños.  _____

5. ¿Quisieras ir a la montaña en domingo?  _____

6. Pongan Vd las botellas en la mesa, por favor.  _____

7. No hago algo esta tarde.  _____

8. Trabajo aquí desde tres años.  _____

## 6. Birthday presents

Cristina is thinking of what to buy Felipe for his birthday. She makes a list of possibilities, but can you decipher what she finally gets him?

1. Se lleva en el cuello.
2. Con éstos no tienes las manos frías
3. Para saber qué hora es.
4. Para llevar sobre la camisa.
5. Los llevas en las orejas.
6. Los llevas en los pies.
7. La llevas en la parte superior del cuerpo.
8. Si Felipe quiere sacarle una foto a Cristina.
9. Lo llevas cuando hace un poco frío.
10. Pantalones de ocio.
11. (vertical) ¿Qué le compró?

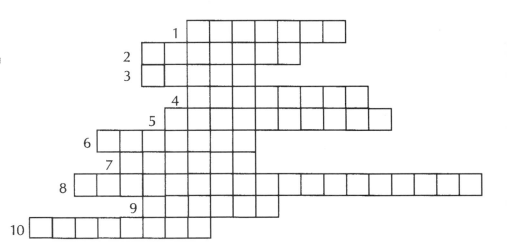

## 7. Has she done it yet?

Cristina is very busy today, so she has made a list of things to do. It's now lunchtime, and she is looking at her list. Have I done it or not? - she asks herself. Make sentences like the ones in the example.

**Example:**   comprar pan ✓ ¿Has comprado el pan? Sí, lo he comprado

preparar cena   ¿Has preparado la cena? No, tengo que prepararlo todavía.

1. llamar a mamá

------------------------------------------------------------

2. limpiar cuarto de baño ✓

------------------------------------------------------------

3. arreglar dormitorios ✓

------------------------------------------------------------

4. echar correos

------------------------------------------------------------

5. ir a la biblioteca ✓

------------------------------------------------------------

6. salir con perro ✓

------------------------------------------------------------

## 8. The postcard

Postcards are usually written in note form to save space –
rewrite this postcard in full sentences.
Felipe and Cristina are on
vacation in Greece.

Martes. Mucho calor generalmente. Hoy llueve. Hotel estupendo - pequeño, tranquilo, gran piscina, dos restaurantes. Muchas personas interesantes. En el mar todos los días. La compra - difícil - ¡el idioma! Gente simpática, comida excelente. Volver sábado.

¡Hasta luego!

Hoy es martes. _____

_____

_____

_____

_____

_____

## 9. Questions about you

1. ¿Qué ropa lleva Vd en este momento?

2. ¿Se parece a su madre o padre?

3. ¿Qué tiempo hace hoy?

4. ¿Adónde fue Vd de vacaciones el año pasado?

5. ¿Cuántas veces va Vd al dentista?

6. ¿Ha estado alguna vez de régimen?

7. ¿Dónde vivía cuando era niño/a?

8. ¿Desde cuándo estudia Vd español?

# REFERENCE SECTION

# Answer Key

## Unit 1

1. yo soy/estoy; tú eres/estás; él, ella, usted, el coche, Miguel es/está; nosotros/Rosa y yo somos/estamos; Pablo y tú, vosotros sois/estáis; ellos, los señores Pérez son/están.

2. es, me llamo, perdone, está, soy, conocer, quiere, estás.

3. francés, inglés, Colombia, Corea, italiano, norteamericano, Méjico/México, japonés, Brasil, peruano.

4. tres, ocho, seis, dos, uno, diez, once, cinco, cuatro, doce, nueve, siete.

5. 1. está  2. es  3. está  4. está  5. son  6. es  7. soy  8. estoy  9. estoy  10. están.

6. 1. No es francesa  2. No son de Pontevedra  3. No es café  4. No es Pedro  5. No estoy soltera.

7. Emilio Torres es español. Es de Madrid. Su dirección es Calle del Bosque, 28. No está casado, está soltero. Tiene 31 años. Su novia se llama Rosa. Es de León. Tiene 29 años.

8. Free answers.

## Unit 2

1. 1d 2e 3b 4a 5f 6g 7c

2. un, un, una, una, un, una, una, una, una, una, una.

3. tiene veinticuatro años, tienen treinta y dos años, tengo cuarenta y tres años, tiene cuarenta y tres años, tenemos cuarenta y tres años, tiene sesenta y cinco años, tienes catorce años, tiene cincuenta y seis años.

4. Male: abuelo, tío, hermano, hijo, padre, sobrino, marido. Female: abuela, tía, hermana, hija, madre, mujer, sobrina, señora. Most male words end in o, and female in a.

4. 1. Juan  2. hermana  3. marido  4. Juanita  5. hijo  6. sobrina, sobrino  7. madre, padre  8. abuela.

5. 1. tienes  2. tengo  3. tienen  4. tenemos  5. tiene  6. tiene.

6. 1. ¿Tiene usted coche?  2. ¿Dónde vive la novia de Emilio?  3. ¿El señor Vicente es de Barcelona?/Es de Barcelona el señor Vicente?  4. ¿Cómo se llama su jefe?  5. ¿Cuántos años tienen los hijos de Susana?  6. ¿Qué es su marido?

7. 1. No, tiene un nuevo empleo.  2. No, es periodista/reportero.  3. No, es una empresa grande.  4. No, tiene seis sucursales.  5. No, es fotógrafa.

8. ¿Su dirección es Avenida de los Robles, 47? No, es Avenida de los Olmos, 47. ¿Está usted casada? Sí (estoy casada). ¿Cómo se llama su marido? Se llama Felipe. ¿Es contable? No, es profesor. ¿Es de París? No, es de Zaragoza.

## Unit 3

1. 1a 2d 3e 4g 5b 6f 7c

2. en, del, hay, hay, tienes, puertas, detrás, dos, cerca, detrás.

3. negro, amarillo, gris, azul, blanco, verde, marrón, rojo, naranja.

4. 1. tienda  2. servicio  3. vestíbulo  4. huevo  5. gimnasio.

5. 1. trabaja  2. viven  3. hablan  4. como  5. jugamos  6. trabaja  7. escribe  8. viajamos.

6. 1. ¿Hay (una) ducha en el cuarto de baño? Sí, hay.  2. ¿Hay (una) lavadora en la cocina? No, no hay.  3. ¿Hay huevos en el frigorífico? Sí, hay.  4. ¿Hay restaurantes en Villaverde? Sí, hay.  5. Hay mujeres en oficina? No, no hay.  6. Hay una alfombra verde en la sala de estar? Sí, hay.

7. 1. piscina  2. gimnasio  3. teléfonos públicos  4. cafetería  5. librería  6. agencia de viajes  7. sofás, sillas y mesitas  8. aseos  9. restaurante.

8. 1. ¿Cuántos dormitorios hay?  2. ¿Hay lavadora?  3. ¿De qué color es la sala de estar?  4. ¿Dónde está el garaje?  5. ¿Hay árboles en el jardín?  6. ¿Dónde está el jardín?

## Unit 4

1. cinco-zapato-ciudad; como-quién-queso; cuatro-cuánto-cuál; gato-gracias-gusta; japonés-gerente-general; chocolate-churro-chico.

2. 1. Juan Carlos está todavía en la cama.  2. Juan Carlos tiene el periódico de Felipe.  3. Felipe está listo.  4. A Felipe le gustan los churros con chocolate.  5. A Linda no le gustan.  6. Linda está de régimen.

3. 1. Son las siete.  2. Son las tres y media.  3. Son las once.  4. Son las seis y media.

4. 1. A las siete y media está en el baño.  2. A las ocho y media está en su coche.  3. A las nueve está en su oficina.  4. A la una y media está en el restaurante.  5. A las siete y media está en el gimnasio.  6. A las nueve y media está delante del televisor.

5. 1. me  2. le  3. le  4. les  5. nos  6. te  7. le.

6. 1. gustan  2. gusta  3. encanta  4. gusta  5. encantan  6. gustan

7. c e a d f b h g

8. 1. ¿A Carmen le gusta ir de compras? Sí, le gusta muchísimo.  2. ¿A Pedro y Carmen les gusta la natación? Sí, les gusta mucho.  3. ¿A Cristina le gusta la natación? Sí, le gusta bastante.  4. ¿A Carmen le gusta bailar? No, no le gusta en absoluto.  5. ¿A Carmen le gusta el tenis? No, no le gusta nada.  6. ¿A Pedro le gusta ir al bar? Sí, le encanta.  7. Free answers.

## Unit 5

1. 1c 2e 3a 4f 5h 6b 7g 8d

2. juego, juego, aprendo, aprendo, lees, preparas, veo, visito, ceno, salgo, salgo.

3. a. leer b. conducir/viajar c. ver/mirar d. tocar e. ducharse/tomar una ducha f. escribir.

4. (Possible answer) levantarse, ducharse/bañarse, desayunar, ir al trabajo, empezar el trabajo, almorzar, terminar el trabajo, preparar la cena, leer el periódico, ver la televisión, acostarse.

5. 1. Siempre juego al fútbol los sábados. 2. (A menudo) Ana visita a sus padres (a menudo). 3. Generalmente Emilio va al trabajo en su coche. 4. Yo generalmente/Generalmente yo no bebo vino tinto. 5. (A veces) Cristina va al gimnasio (a veces) los viernes. 6. Linda nunca come carne.

6. 1. van 2. va 3. vas 4. vivimos 5. come 6. conduce.

7. a las, al, a las, a, a las, a, a, al, a, a la, a, a, al, a las.

8. Free answers.

## Unit 6

1. 1c 2f 3d 4h 5a 6g 7b 8e

2. 1. Le gustan el azul, el gris y el negro. 2. No, no le gusta. 3. Cuesta 65 euros. 4. Quiere una camisa de algodón. 5. No, no (las) tiene. 6. No, no la conoce.

3. 1. camisa 2. suéter 3. calcetines 4. falda 5. corbata 6. vaqueros 7. zapatos 8. chaqueta 9. blusa 10. abrigo.

4. 1. mil euros 2. mil doscientos euros 3. dos mil setecientos euros 4. cinco mil novecientos noventa y cinco euros 5. siete mil ochocientos setenta y cinco euros 6. cien pesos 7. doscientos ochenta y tres pesos 8. cuatrocientos sesenta y cinco pesos 9. ciento veinte pesos 10. quinientos pesos.

5. 1. cuestan 2. tiene 3. quiere 4. quiero, prefiero 5. prefiere 6. piensas 7. cuesta 8. duermo 9. vuelvo.

6. 1. aquéllos 2. aquella 3. esta 4. estos 5. esa 6. esto.

7. gusta, detesta, gusta, va, compra, vuelve, prepara, está, come, cocinan, van.

8. 1. ¿Qué talla quiere? 2. ¿Cuánto cuesta/es/vale? 3. ¿De qué color es? 4. ¿Cuánto cuestan/son/valen? 5. ¿En qué puedo servirle/la? 6. ¿Dónde están las corbatas?

## Unit 7

1. 1e 2g 3c 4a 5h 6b 7f 8d

2. cerca, ve, allí, encima, a, está, delante, o, conmigo, dónde, quién

3. 1. primero 2. segundo 3. tercero 4. cuarto 5. quinto 6. sexto 7. séptimo 8. octavo 9. noveno 10. décimo.

4. 1. la biblioteca 2. Correos 3. la piscina 4. el banco 5. el supermercado 6. la carnicería 7. el restaurante 8. el bar.

5. 1. en 2. a 3. a 4. a 5. en 6. en 7. a 8. en.

6. 1. Siga todo recto en el cruce/En el cruce siga todo recto. 2. Tuerza a la derecha delante del museo/delante del museo tuerza a la derecha. 3. Tome la segunda calle a la izquierda. 4. Vaya hasta el final de la calle. 5. Cruce la plaza y el museo está delante de Vd.

7.

8. ¿Cuándo está abierta la biblioteca? De lunes a viernes está abierta desde las diez de la mañana hasta las ocho de la noche, y los sábados de las diez de la mañana hasta la una de la tarde. Está cerrada los domingos. 2. ¿Cuándo está abierto Correos? De lunes a viernes está abierto desde las nueve de la mañana hasta las siete y media de la tarde/noche, y los sábados desde las nueve hasta las doce y media. Los domingos está cerrado. 3. ¿Cuándo está abierto el Restaurante Cádiz? Está abierto desde las siete y media de la tarde/noche hasta medianoche/las doce los lunes, miércoles, jueves y viernes y hasta las doce y media de la noche los sábados. Está cerrado los martes y los domingos.

## Unit 8

1. 1d 2g 3e 4f 5b 6a 7h 8c

2. pasó, reñimos, reñisteis, vio, preguntó, dije, entendió, dije, fui, tuviste, fue, llegué, vio.

3. 1. gimnasio 2. puente 3. voy 4. comió 5. sólo

4. 1. natación 2. Correos 3. jugué 4. comió 5. qué.

5. ustedes, niños jóvenes, estos hombres, mujeres bonitas, coches japoneses, profesoras inglesas, ciudades españolas, aviones rápidos, lápices grises, aquellos trenes.

6. 1. eran 2. estaba 3. era 4. estaba 5. era 6. era.

7. 1. fuiste/fue Vd 2. viste/vio Vd 3. comió Juan Carlos 4. faldas compraste/compró Vd 5. fueron las chicas 6. se levantó Emilio.

8. 1. Le/lo vio en la calle del Puente. 2. Estaba con una mujer. 3. Sí, la vieron. 4. Fue/volvió a casa. 5. (Llamó) a su madre. 6. Emilio la llamó.

9. 1. ¿Qué hizo Rosa el viernes por la tarde? Visitó a sus padres. 2. ¿Qué hizo Emilio el sábado por la mañana? Se encontró con Pepe. 3. ¿Qué hizo Felipe el sábado por la tarde? Fue al gimnasio. 4. ¿Qué hizo Ana el domingo por la noche? Fue al bar con Susana. 5. ¿Qué hizo Susana el viernes por la noche? Vio/miró la tele(visión).

## Unit 9

1. 1d 2g 3h 4b 5a 6c 7f 8e

2. fui, divertí, alojaste, fue/era, gustan, me divertí, comí, bebí, bailé, encontré, hice, pasé/pasamos, hizo, dimos, nadamos, visitamos, preparasteis, cocinamos, comimos, encontramos.

3. 1. mil novecientos ochenta y cinco  2. mil novecientos sesenta  3. mil ochocientos ochenta y uno  4. mil novecientos noventa y cinco  5. mil setecientos  6. mil novecientos setenta y ocho  7. mil novecientos noventa  8. dos mil uno.

4. 1.bicicleta  2.autobús  3.coche  4.avión  5.taxi  6.motocicleta  7. autocar  8.caballo.

5. Preterite: comiste, nadó, bebió, vivimos, visteis, tuvieron, llegaron.

   Present: vengo, vas/eres, escribe, sale, estamos, bailáis, dicen, hacen.

6. 1d 2e 3g 4f 5c 6a 7b

7. 1. ¿Cuándo/en qué año nació Cristina?  2. ¿Cuándo/en qué año vino su familia a España.  3. ¿Dónde vivieron?  4. ¿Dónde/en qué ciudad fue a la universidad?  5. ¿Qué estudió?  6. ¿Cuándo/en qué año se casó con Felipe?

8. 1.¿Telefoneó al camping?  2.¿Compró provisiones?  3.¿Lavó el coche?  4. ¿Fue al banco?  5.¿Limpió las botas para caminar?  6.¿Comprobó la tienda?

# Unit 10

1. 1f 2e 3b 4a 5c 6g 7d

2. 9–3–8–2–6–1–12–7–11–5–4–13–10

3. Fruit: manzana, plátano, limón, naranja, fresa. Vegetable: lechuga, patata, guisantes, judías, zanahorias, cebolla. Meat: pollo, cordero, bistec, jamón, cerdo, salchichas, chorizo.

4. 1c 2e 3a 4g 5d 6b 7h 8f

5. 1.enséñeme  2.ponga  3.deme  4.tome  5.tráiganos  6.esperen

6. 1. La cerveza está a 2 euros la botella.  2. La mantequilla está a 1,25 euros el paquete.  3. Los bombones están a 4,50 euros la caja.  4. El pan está a 0,25 euros la barra.  5. Las alubias están a 0,50 euros la lata.  6. El puré de tomate está a 0,60 euros el tubo.  7. El agua mineral está a 0,35 euros el litro.  8. Las zanahorias están a 0,20 euros el medio kilo.

7. 1. ¿Quiénes riñeron ayer? Cristina y Felipe.  2. ¿Felipe hace ejercicio/hace ejercicio Felipe? No, no lo hace.  3. ¿Come mucho desayuno? Sí, mucho.  4. ¿Quién compra cerveza y hamburguesas? Felipe.  5. ¿Suele jugar a menudo al tenis? No, no suele.  6. ¿Cuándo tiene cincuenta años? El año que viene.

8. 1. Rosa toma zumo de naranja, yogur y tostadas para el desayuno, y para el almuerzo toma un bocadillo.  2. Felipe toma huevos, salchichas, tostadas y café o té para el desayuno, y para el almuerzo toma una hamburguesa o una pizza.

# Unit 11

1. 1d 2g 3i 4h 5b 6a 7e 8f 9c

2. escribir a máquina, utilizar, hablar, hablar, conducir, conducir, conducir, montar, enseñar, vivir, empezar.

3. 1. = example  2. ¿Sabe Vd hablar francés?  3. ¿Sabe Vd escribir a máquina?  4. ¿Sabe Vd cocinar?  5. ¿Sabe Vd conducir?  6. ¿Sabe Vd cantar?

4. enfermera, periodista, ingeniero, cartero, guardia, cocinero, piloto, médico, camarero, dentista, pintor, bombero.

5. 1. ¿A dónde va Rosa?  2. ¿Cuándo va?  3. ¿Por qué va allí?  4. ¿Dónde se aloja?  5. ¿Cómo es el hotel?  6. ¿Quién va con ella?

6. 1e 2d 3a 4h 5g 6b 7c 8f

7. 1. porque tiene un nuevo trabajo.  2. porque está muy ocupada.  3. porque no estaba en casa.  4. porque hace frío y siempre llueve.

8. 1. ¿Sabe Felipe hablar inglés? Sí, sabe hablar muy bien.  2. ¿Sabe Juan Carlos hablar inglés? No, no sabe hablar inglés.  3. ¿Sabe Cristina esquiar? Sí, sabe esquiar un poco.  4. ¿Saben Juan Carlos y Linda esquiar? No, no saben esquiar en absoluto.  5. ¿Sabe Juan Carlos jugar al tenis? Sí, sabe jugar muy bien.  6. ¿Sabe Linda hablar inglés? Sí, sabe hablar un poco.

# Unit 12

1. 1g 2e 3h 4a 5c 6b 7f 8d

2. 1b 2a 3b 4c 5b 6c

3. 1. primero  2. cuatrocientos cincuenta euros  3. dieciséis  4. sesenta  5. diez mil quinientos  6. tercero  7. mil novecientos noventa y siete  8. setecientos setenta y cinco euros.

4. 1. frío  2. nunca  3. bueno  4. blanco  5. abierto  6. fácil  7. cerca  8. tía  9. ¡adiós!/¡hasta luego!  10. casado  11. mujeres  12. invierno.

5. 1. ¿Cuánto cuestan?  2. ¿Cuándo la compraste/compró Vd?  3. ¿A qué hora/cuándo se cierra?  4. ¿De qué color es?  5. ¿Cuántos años/qué edad tiene?  6. ¿Tienes/tiene Vd hijos?

6. 1. tuve  2. hiciste  3. hablamos  4. dijo  5. nadé  6.vinieron  7. fue  8. esperaron  9. bebisteis  10. conduje.

7. 1. No fuimos de compras ayer.  2. La casa no tiene jardín.  3. No le gusta mucho su nuevo trabajo.  4. No compré manzanas esta mañana.  5. Nunca se levanta/no se levanta nunca a las siete.  6. No hicieron camping el año pasado.

8. 1. ¿Qué número de zapatos quiere?  2. ¿La sección de caballeros está en la tercera planta?  3. Nuestra casa es la segunda a la derecha.  4. Cristina y su familia se alojaron en un hotel.  5. ¿Hay queso en el frigorífico?  6. No puedo jugar al tenis porque estoy ocupado.

9. 1. es = está  2. tengo = tiene  3. jugo = juego  4. en = a  5. mí = yo  6. está = es.

10. 1. arroz  2. café  3. guisantes  4. pescado  5. leche  6. cebollas  7. harina  8. vino  9. patatas  10. salchichas  11. zanahorias

# Unit 13

1. 1f 2d 3b 4h 5a 6g 7c 8e

2. 1. true  2. false  3. true  4. false  5. false  6. true

3. 1. contento/feliz  2. viejo  3. caro  4. corto  5. moreno  6. bajo  7. pequeño  8. ligero.

4. 1. la nariz  2. la boca  3. la barbilla  4. el pelo  5. el ojo  6. la oreja  7. los dientes/las muelas  8. el cuello.

5. 1. Felipe es más gordo que Emilio. 2. Rosa es más joven que Emilio 3. Madrid es más grande que Salamanca. 4. El español es más fácil que el japonés. 5. Cristina es más bonita que Rosa. 6. Esta falda es mejor que aquélla.

6. 1. Emilio es el periodista más listo de la compañía. 2. Linda es la chica más delgada de su clase. 3. Sevilla es la ciudad más calurosa de España. 4. Esta camisa es la más bonita de la tienda. 5. Estos zapatos son los más caros de la zapatería.

7. misma, más, alto, largo, ojos, llevo, tengo.

8. 1. Simón pesa más. 2. Susana pesa menos. 3. Simón es el mayor. 4. Esteban es el más alto. 5. Esteban es más joven que Susana. 6. Simón y Susana son más bajos que Esteban. 7. Esteban y Simón tienen el pelo más moreno que Susana. 8. Simón tiene el pelo más corto.

# Unit 14

1. 1c 2f 3e 4b 5a 6d

2. haciendo, llamando, trabajando, viviendo, viviendo, visitando, haciendo, lavando, limpiando, escuchando, trabajando

3. 1. está caliente 2. trabajando 3. ahora 4. semana 5. paraguas 6. procesador de textos.

4. 1. cantando 2. visitando 3. lavando 4.leyendo 5. llamando 6. trabajando 7 escribiendo 8. nadando. = COLOMBIA

5. 1. me ducho, estoy bañándome/me estoy bañando. 2. compra, está comprando. 3. conduce, está conduciendo. 4. viajo, estoy viajando. 5. prepara, está preparando. 6. están patinando, patinan.

6. 1. ¿Qué está bebiendo? 2. ¿Está trabajando? 3. ¿Cuántas personas hay en el grupo? 4. ¿Cuándo llamó a sus amigos? 5. ¿Cuántos niños/hijos tienen? 6. ¿Dónde trabaja/está trabajando Marisol? 7. ¿Está trabajando Pablo?

7. 1. Cristina no está preparando el desayuno, está preparando la cena. 2. Juana no está escribiendo una tarjeta postal, está escribiendo una carta. 3. Emilio y su amigo no están bebiendo vino, están bebiendo cerveza. 4. Juan Carlos no está trabajando como camarero, está trabajando como cartero. 5. Linda no está esquiando, está patinando. 6. Papá no está leyendo una revista, está leyendo un periódico.

# Unit 15

1. 1d 2g 3e 4f 5a 6b 7c

2. 1. espera un momento 2. perdona la molestia 3. creo que sí 4. claro 5. no importa 6. ¿vale? 7. a propósito 8. no sé

3. 1. veintitrés de febrero 2. catorce de diciembre 3. veintiuno de enero 4. treinta de abril 5. veinticuatro de junio 6. treinta y uno de marzo 7. doce de octubre 8. uno/primero de mayo 9. once de noviembre 10. diecinueve de agosto 11. siete de julio 12. dos de setiembre.

4. 1. cine 2. teatro 3. restaurante 4. baile 5. fiesta 6. discoteca 7. concierto 8. museo

5. 1. Sí, se la mandé ayer por la mañana. 2. Sí, se la escribí la semana pasada. 3. Sí, se lo regalé para su cumpleaños.

4. Sí, se los di el otro día. 5. Sí, se lo mandé anoche. 6. Sí, se lo describí en detalle.

6. 1. ¿A qué hora van Emilio y Pepita a ir al cine hoy? 2. ¿Cuánto tiempo va a quedarse Rosa en Méjico esta vez? 3. ¿Qué sueles (tú) hacer los fines de semana? 4. ¿Felipe suele lavar el coche los domingos? 5. ¿Qué van a ver Cristina y Felipe al teatro hoy?

7. 6–8–2–7–3–5–1–9–4

8. 1. Lo siento, pero martes por la tarde voy a visitar a mi madre. 2. Lo siento, pero el día cinco por la tarde voy a jugar al golf. 3. Lo, siento pero el jueves todo el día voy a cuidar a los niños. 4. Lo siento, pero el día siete voy a pintar el cuarto de baño. 5. Lo siento, pero el sábado por la mañana voy a llevar a los niños al teatro. 6. Lo siento, pero el domingo por la mañana voy a ir a misa.

# Unit 16

1. 1f 2h 3i 4a 5b 6e 7d 8c 9g

2. un, x, la, los, la, al, al, el, el, x, la, x, un, x.

3. Learn: el francés, la guitarra, la mecanografía. Watch: el fútbol, la televisión, películas, una pintura, una obra de teatro, un vídeo, una foto. Use: un teléfono, un calendario, una máquina fotográfica, la cocina, un ordenador, un reloj, el dinero.

4. 1. hago 2. tengo 3. traigo 4. oigo 5. salgo 6. conduzco 7. pongo 8. sé.

5. 1. ¿Me permite Vd poner la radio? 2. ¿Me permite leer su periódico? 3. ¿Me permite utilizar su máquina fotográfica? 4. Se puede sentar ahí? 5. ¿Me permite cerrar la ventana? 6. Me permite/se puede abrir la puerta?

6. a5, b4, c1, d6, e3, f2

7. 1. Cuántas veces va a la piscina? 2. ¿Cuántas veces hace camping? 3. ¿Cuántas veces va al dentista? 4. ¿Cuántas veces tiene clase de baile? 5. ¿Cuántas veces viene su madre?

8. Free answers.

# Unit 17

1. 1f 2g 3b 4e 5a 6c 7d

2. 8–5–7–1–9–2–6–4–10–3

3. 1. Van a chocarse. 2. Va a llover. 3. Va a caerse. 4. Va a echar una carta (al correo). 5. Va a llegar tarde. 6. Va a romperse. 7. Va a abrir la puerta.

4. 1. oyó 2. ir 3. decirle 4. viste 5. traer 6. entiendo.

5. 1. ¿De verdad? ¿Qué tipo (de coche) va a comprar? 2. ¿De verdad? ¿De qué color van/vais a pintarlo? 3. ¿De verdad? ¿Qué vais/van a ver? 4. ¿De verdad? ¿Adónde van a vivir? 5. ¿De verdad? ¿A quiénes va a invitar? 6. ¿De verdad? ¿Cuándo vas a empezar?

6. 1. nadie 2. algo 3. ninguna parte 4. alguien 5. alguna parte 6. algo 7. alguien 8. nada.

7. 1. No, voy a tener problemas con los colegas al principio del mes or Voy a tener problemas con el dinero al fin del mes. 2. No, va a haber noticias de un viejo amigo/una vieja amiga. 3. No, va a tener celos.

4. No, va a haber disputas con mi compañero/a.  5. No, va a ser un mes ocupado.  6. Sí – voy a necesitar mucho ejercicio.

8. 1. No voy a aprender la guitarra, voy a aprender el piano.
2. No voy a hacerme profesora, voy a hacerme ingeniera.
3. No voy a vivir en el Canadá, voy a vivir en el Brasil.
4. No voy a conducir un Rolls Royce, voy a conducir un Porsche.  5. No voy a ser hermosa, voy a ser rica.  6. No voy a tener perros, voy a tener caballos.

# Unit 18

1. 1c 2d 3e 4a 5f 6b

2. ida y vuelta, vuelven, cuántos son, incluido, sale, andén, quedarme, debes.

3. 1. Emilio quiere quedarse en Pontevedra hoy.  2. Va a ver a sus amigos.  3. Ya no quiere a Rosa, pero no quiere a Juana tampoco.  4. Juana va a llevar a Emilio a Granada para presentarle a sus padres.  5. los padres de Juana tienen tres perros.

4. 1. en  2. en  3. a  4. a  5. en

5. 1. ida  2. andén  3. restaurante  4. doble  5. parada  6. desayuno  7. billetes  8. crédito  9. tren  10. noches: = AEROPUERTO.

6. Perdone Vd, 1. ¿cuál?  2. ¿(para) dónde?  3. ¿quién?  4. ¿cuánto?  5. ¿de qué andén?/¿cuál?  6. ¿a qué hora.

7. 1. ¿Podría Vd hablar más despacio, por favor?  2. ¿Podría Vd darme dos de ida y vuelta para Alicante?  3. ¿Podría Vd decirme cómo se va a la estación?  4. ¿Podría traerme agua, por favor?

8. Possible version: Todos en el grupo se enfadaron. No había habitaciones dobles o con dos camas. No había duchas. Las habitaciones estaban sucias, y la comida en el restaurante no estaba buena. No podía buscar otro hotel – era demasiado tarde. Tuve una disputa con el gerente – no era un hombre muy simpático. Todos volvemos a España mañana. El vuelo llega a Madrid-Barajas a las 14.30.

9. 1. – ¿Puede decirme a qué hora sale el próximo tren de Vigo a Santiago? – Sí. Sale a las siete dieciocho. – Y ¿cuándo llega? – Llega a las nueve cinco.

2. – ¿Puede decirme a qué hora sale el próximo tren de Vigo a La Coruña? – Sí. Sale a las nueve cincuenta y ocho. – Y ¿cuándo llega? – Llega a las doce cincuenta y cinco.

# Unit 19

1. 1d 2f 3a 4e 5b 6c

2. fue, pareces, pasé, estoy, pasa, duele, no pude/podía, no puedo, llevó, comí, cocina, estuve, no quiero.

3. 1 c.estómago 2 g.cabeza 3 a.muñeca 4 i.pierna 5 f.mano 6 d.rodilla 7 e.tobillo 8 j.pie 9 b.codo 10 h.cuerpo

4. 1. parece  2. miras  3. parece  4. buscó  5. buscando  6. parecía  7. mire  8. buscar.

5. 1. ¿Por qué no tomas aspirinas?  2. ¿Por qué no vas al dentista?  3. ¿Por qué no te pones un suéter?  4. ¿Por qué no ves al médico?  5. ¿Por qué no te acuestas temprano?

6. 1. Cuando me aburro voy al bar/Voy al bar cuando me aburro.  2. ¿Por qué no ves a un médico?  3. Emilio no se parece a su hermano.  4. Voy a hacerme socio de aquel nuevo club deportivo.  5. Usted no parece muy bien hoy.  6. Tengo fiebre y me duele la cabeza/me duele la cabeza y tengo fiebre.

7. 1. Sí, comía mucho.  2. No, no adelgazó.  3. No, se siente mal porque no puede dormir.  4. Sí. Son importantes  5. No. Conoces a mucha gente interesante.  6. No. Te pones mejor.

8. 1. Cuando hacía camping en Galicia, llovió todos los días.
2. Cuando estaba en la universidad, llevaba gafas.
3. Cuando vivía en Madrid, hacía footing todos los días.
4. Cuando trabajaba como jardinero, estaba en buena forma.  5. Cuando trabajaba como camarero, me puse muy gordo.  6. Cuando estaba de vacaciones en Francia, tuve la gripe.

# Unit 20

1. 1e 2f 3h 4a 5c 6g 7b 8d

2. 1. verdad  2. mentira  3. verdad  4. verdad  5. mentira  6. mentira

3. 1. desde  2. desde  3. desde hace  4. desde  5. desde hace.

4. 1. ...la comida japonesa  2. ... a caballo  3. ...a un festival de jazz  4. ...la guitarra  5. ...en Montevideo  6. ...el vino chileno  7. ...la pierna  8. ...en un almacén grande.

5. trabajado, abierto, bebido, caído, dado, dicho, escrito, escuchado, frito, hablado, hecho, ido, llegado, mirado, oído, puesto, roto, salido, sido, vivido, vuelto.

6. 1. hemos estado  2. fuiste  3. viví  4. estás  5. conozco  6. ha lavado  7. me he olvidado  8. salió  9. es.

7. recibido, vivo, oído, paró, dormirse, quejado, escrito, encanta

8. 1. ¿Has lavado el coche ya? Sí, ya lo he lavado.  2. ¿Has hecho la compra ya? Sí, ya la he hecho.  3. ¿Has barrido el suelo ya? No, no lo he barrido todavía.  4. ¿Has fregado los platos ya? No, no los he fregado todavía.  5. ¿Has hecho los bocadillos ya? Sí, ya los he hecho.  6. ¿Has echado las cartas al correo ya? No, todavía no las he echado. (Note: todavía may precede or follow the verb in 3, 4 and 6.)

# Unit 21

1. 1d 2e 3a 4b 5g 6h 7c 8f

2. veo, ver, he oído, trabajo, gusta, estado, haciendo, trabajando, vi, pasando, vi, haciendo, charlando, preguntarle, sentado, frotando, parecía, hablando.

3. 1. encontrar/hallar  2. preguntar  3. vender  4. venir  5. aprender  6. dar/regalar  7. acordarse/recordar  8. dormirse

4. 1. ¿De verdad? ¿Desde cuándo lo estudias? 2. ¿De verdad? ¿Desde cuándo vive allí? 3. ¿De verdad? ¿Desde cuándo la enseña? 4. ¿De verdad? ¿Desde cuándo los compra y vende? 5. ¿De verdad? ¿Desde cuándo juegan?

5. 1. Lo encontré cuando estaba limpiando el armario. 2. Me lo rompí cuando estaba esquiando en Los Portillos. 3. Se casaron cuando estaban viviendo en Santiago de Chile. 4. Llamó cuando estaba hablando con un cliente. 5. Lo perdió cuando estaba visitando a sus padres. 6. Lo tuve cuando estaba viajando a Panamá.

6. 7–3–6–9–8–2–4–1–5

7. 1. Estaba leyendo un periódico. 2. Estaba comiendo una hamburguesa. 3. Sí. 4. Estaba sentado en un sofá. 5. Estaban jugando debajo de la mesa. 6. Estaba llorando. 7. Estaba agitando una cuchara. 8. Estaba sobre/en la mesa. 9. Estaba comiendo un pescado.

# Unit 22

1. gustar-encantar, vale-bien, gordo-grueso, irse-marcharse, probablemente-a lo mejor, volver-regresar, empezar-comenzar, hablar-charlar, mirar-ver, entonces-pues

2. 1. ¿Adónde quiere ir Felipe? 2. ¿Llevarán a los niños? 3. ¿(A los niños) les gusta andar? 4. ¿Cuántos años/qué edad tienen (los niños)? 5. ¿Qué comerán? 6. ¿Son tontos/estúpidos los niños?

3. 1. tuerzo – manivela 2. empujo – interruptor 3. tiro de – palanca 4. tuerzo – llave 5. empujo – botón

4. 1. cansado 2. gorda 3. sed 4. hambre 5. borracho 6. frío.

5. 1. para 2. de 3. sin 4. para 5. sin 6. al 7. sin 8. al

6. 1. se 2. se 3. os 4. me 5. te 6. nos 7. se 8. me

7. Invitation 1: 1–4–6–7–9–12–13. Invitation 2: 2–3–5–8–10–11–14.

8. 1. A lo mejor bailarán toda la noche. 2. A lo mejor comerán hamburguesas para el desayuno. 3. A lo mejor no arreglarán sus cuartos/dormitorios . 4. A lo mejor no irán de paseo con el perro. 5. A lo mejor dormirán hasta las 12. 6. A lo mejor pasarán todo el día viendo la televisión.

# Unit 23

1. 1g 2h 3e 4a 5b 6d 7c 8f

2. 1. Dijo que se iba de Pontevedra y que iba a Costa Rica. 2. Pregunté por qué se iba. 3. Dijo que tenía demasiados problemas aquí. 4. Pregunté qué clase de problemas tenía. 5. Dijo que tenía toda clase de problemas. 6. Dijo que no le gustaba su trabajo, que su jefa no le/lo quería, y que tenía demsasiados problemas con sus amigas. 7. Pregunté qué iba a hacer en Costa Rica. 8. Dijo que todavía no (lo) sabía. 9. Me preguntó qué hacía el viernes por la noche.

10. Dije que no hacía nada. 11. Le pregunté por qué. 12. Dijo que tenía dos entradas para el teatro.

3. 1c 2g 3e 4f 5d 6a 7b

4. 1d 2h 3a 4c 5f 6g 7e 8b

5. 1. Felipe le preguntó si hacía frío fuera. 2. Le preguntó si le gustaba el cine. 3. Felipe preguntó a su amigo si quería vino. 4. Emilio (le) preguntó a Rosa si iba a ir al teatro. 5. Le preguntó si estaban bien sus padres.

6. 1. ¿Qué haces este fin de semana? 2. Voy a una fiesta. 3. ¿Dónde está la fiesta? 4. Está en Villaverde. Va a ser una fiesta fantástica. 5. ¿Por qué va a ser una fiesta fantástica? 6. Los padres de mi amiga van a estar fuera durante el fin de semana. 7. ¿Cómo se llama tu amiga? 8. Se llama Linda, y su hermano se llama Juan Carlos.

7. 1. Se dice ¿Por favor, cómo se va a la estación? 2. Se dice ¡Buenas noches!. 3. Se dice ¿Se puede?. 4. Se dice ¿A qué hora se cierra la biblioteca? 5. Se dice ¿Cuántos años/qué edad tiene(s)?. 6. Se dice ¿Quisieras/te gustaría ver una película esta noche?.

# Unit 24

1. 1. mucho 2. sucio 3. salir/irse 4. temprano/mañana 5. diferente 6. nunca 7. débil 8. bien 9. vender 10. buscar

2. 1. pendientes 2. cerrado 3. zanahoria 4. asqueroso 5. rápidamente 6. casada 7. perdón 8. mañana 9. refresco 10. emborrachado 11. difícil 12. niebla 13. esquiar

3. 1. volverá 2. has visto 3. encontrará 4. vamos 5. estaba trabajando, viajé 6. ponga 7. vive 8. terminar

4. 'k': clima, quince, quinientos, quién, clase, compra, qué, como, claro, color, casi, caro; 'kw': cuándo, cuatro, cuarto, cuenta, cuidar; 'th' or's': cincuenta, cero, cerrado; 'ch': churros, chino, chico, chaqueta, chocolate.

5. 1. muy>más 2. para>a 3. va>ir 4. por qué > porque 5. en>el 6. pongan>ponga 7. algo>nada 8. desde>desde hace.

6. 1. corbata 2. guantes 3. reloj 4. chaqueta 5. pendientes 6. zapatos 7. camisa 8. máquina fotográfica 9. suéter 10. vaqueros 11. calcetines.

7. 1. Tengo que llamarle todavía 2. Ya lo he limpiado 3. Ya los he limpiado 4. Tengo que echarlas todavía. 5. Sí, he ido a la biblioteca 6. Sí, he salido con el perro.

8. Hoy es martes. Generalmente hace/ha hecho mucho calor, pero hoy llueve/está lloviendo. El hotel es estupendo: es pequeño y tranquilo, tiene una gran piscina y dos restaurantes. Hay (hemos conocido) a muchas personas interesantes. Nos bañamos todos los días. Es difícil hacer la compra porque ¡no hablamos el idioma! Pero la gente es muy simpática y la comida (es) excelente. Volvemos a casa el sábado. ¡Hasta luego! Felipe y Cristina.

9. Free answers.

# Grammar

Note: this is not a complete survey of Spanish grammar. The structures and forms outlined in this section are limited to those found in the units of this Workbook.

## VERBS
## Regular verbs

The three types of Spanish verbs which follow a regular pattern have infinitives ending in -ar, -er and -ir. The -ir verbs only differ from -er verbs in the present.

| COMPRAR | COMER | VIVIR |
| --- | --- | --- |
| ***Present*** | | |
| compro | como | vivo |
| compras | comes | vives |
| compra | come | vive |
| compramos | comemos | vivimos |
| compráis | coméis | vivís |
| compran | comen | viven |
| ***Gerund*** | | |
| comprando | comiendo | viviendo |
| ***Present continuous*** | | |
| estoy comprando | estoy comiendo | estoy viviendo |
| ***Imperative*** | | |
| (no) compre Vd | (no) coma Vd | (no) viva Vd |
| (no) compren Vds | (no) coman Vds | (no) vivan Vds |
| ***Preterite*** | | |
| compré | comí | viví |
| compraste | comiste | viviste |
| compró | comió | vivió |
| compramos | comimos | vivimos |
| comprasteis | comisteis | vivisteis |
| compraron | comieron | vivieron |
| ***Imperfect*** | | |
| compraba | comía | vivía |
| comprabas | comías | vivías |
| compraba | comía | vivía |
| comprábamos | comíamos | vivíamos |
| comprabais | comíais | vivíais |
| compraban | comían | vivían |

| COMPRAR | COMER | VIVIR |
|---|---|---|

### *Imperfect continuous*

| | | |
|---|---|---|
| estaba comprando | estaba comiendo | estaba viviendo |

### *Perfect*

| | | |
|---|---|---|
| he comprado | he comido | he vivido |
| has comprado | has comido | has vivido |
| ha comprado | ha comido | ha vivido |
| hemos comprado | hemos comido | hemos vivido |
| habéis comprado | habéis comido | habéis vivido |
| han comprado | han comido | han vivido |

### *Future*

The stem for the future is usually the infinitive. The last syllable is stressed in all but the 1st person plural *(-emos)* and an accent is needed.

| | | |
|---|---|---|
| compraré | comeré | viviré |
| comprarás | comerás | vivirás |
| comprará | comerá | vivirá |
| compraremos | comeremos | viviremos |
| compraréis | comeréis | viviréis |
| comprarán | comerán | vivirán |

## Stem-change verbs

These are verbs which have vowel changes in some tenses.

### Group 1

The stem-change is *e > ie or o > ue (jugar only: u > ue)* in the present tense and imperative.

| PENSAR | VOLVER | JUGAR |
|---|---|---|

### *Present*

| | | |
|---|---|---|
| pienso | vuelvo | juego |
| piensas | vuelves | juegas |
| piensa | vuelve | juega |
| pensamos | volvemos | jugamos |
| pensáis | volvéis | jugáis |
| piensan | vuelven | juegan |

### *Imperative*

| | | |
|---|---|---|
| piense Vd | vuelva Vd | juegue Vd |
| piensen Vds | vuelvan Vds | jueguen Vds |

**Also:** *acordarse, acostarse, almorzar, atender, cerrar, comenzar, comprobar, contar, doler, empezar, encender, entender, encontrar, llover, nevar, recordar, sentarse.*

## Group 2

These have the same changes as Group 1, and also *e > i*, and *o > u* in the gerund, and 3rd persons of the preterite. They include:

| SENTIR | DORMIR |
| --- | --- |

### *Gerund*

| | |
| --- | --- |
| sintiendo | durmiendo |

### *Preterite*

| | |
| --- | --- |
| sentí | dormí |
| sentiste | dormiste |
| sintió | durmió |
| sentimos | dormimos |
| sentir | dormir |
| sentisteis | dormisteis |
| sintieron | durmieron |

**Also:** divertirse, preferir.

### Group 3

The change is always *e > i*, in all the places Group 2 has any change. The verbs in this group in this workbook are: *reír, reñir, repetir, seguir, servir.*

## Irregular verbs

Many irregular verbs have what is called a *pretérito grave*. This means that the 1st and 3rd person singular endings are not stressed, and are respectively -e and -o, as for *tener: tuve, tuviste, tuvo, tuvimos, tuvisteis, tuvieron*. Verbs below which follow this model are marked (pg). Tenses in which a verb follows a stem-change pattern are marked (sc).

Irregular parts of the following verbs are used in the *Workbook*:

| | |
| --- | --- |
| Conducir: | <u>Present</u>: conduzco, conduces, etc. <u>Preterite</u>: conduje, etc. (pg). |
| Dar: | <u>Present</u>: doy, das, etc. <u>Preterite</u>: di, diste, dio, etc. |
| Decir: | <u>Present</u>: digo, dices, dice, dicen <u>Imperative</u>: diga/n <u>Preterite</u>: dije, dijiste, dijo, dijeron (pg). |
| Estar: | <u>Present</u>: estoy, estás, está, estamos, estáis, están <u>Preterite</u>: estuve, etc. (pg) |
| Hacer: | <u>Present</u>: hago, haces, etc. <u>Imperative</u>: haga/n <u>Preterite</u>: hice, hiciste, hizo, hicimos etc. (pg) <u>Past participle</u>: hecho. |
| Ir: | <u>Present</u>: voy, vas, va, vamos, vais, van <u>Imperative</u>: vaya/n <u>Preterite</u>: fui, fuiste, fue, fuimos, fuisteis, fueron <u>Imperfect</u>: iba, etc. |
| Oír: | <u>Imperative</u>: oiga/n |
| Poder: | <u>Present</u>: puedo, etc. (sc) <u>Preterite</u>: pude, etc. (pg) |
| Poner: | <u>Present</u>: pongo, pones, etc. <u>Imperative</u>: ponga/n <u>Preterite</u>: puse, etc. (pg). |
| Romper: | <u>Past participle</u>: roto |
| Saber: | <u>Present</u>: sé, sabes, etc. |
| Salir: | <u>Present</u>: salgo, sale, etc. |
| Ser: | <u>Present</u>: soy, eres, es, somos, sois, son <u>Preterite</u>: fui, fuiste, fue, fuimos, fuisteis, fueron <u>Imperfect</u>: era, etc. |

| Tener: | Present: tengo, tienes, tiene, tenemos, tenéis, tienen Imperative: tenga/n Preterite: tuve, etc. (pg). |
| --- | --- |
| Traer: | Present: traigo, traes, etc. Imperative: traiga/n Preterite: traje, trajeron, etc. (pg). |
| Venir: | Present: vengo, vienes, viene, venimos, venís, vienen Imperative: venga/n Preterite: vine, etc. (pg). |

# Tenses

### Present

The present is used to say what you do regularly or repeatedly, or what you are doing at this moment or very soon:

| Yo juego al tenis los lunes. | I play tennis on Mondays. |
| --- | --- |
| ¿Qué haces? | What are you doing? |
| Me afeito en el cuarto de baño. | I'm shaving in the bathroom. |

It is also used with *desde hace* (for) and *desde* (since) to say since when something has been happening:

| Emilio trabaja para Vacasa Internacional desde hace un mes. | Emilio has been working for Vacasa Internacional for a month. |
| --- | --- |
| Rosa está en Méjico desde el miércoles pasado. | Rosa has been in Mexico since last Wednesday. |

### Present continuous (estar + gerund)

You can also use this tense to say what is going on at the present time:

| ¿Qué estás haciendo? | What are you doing? |
| --- | --- |
| Estoy afeitándome en el cuarto de baño. | I'm shaving in the bathroom. |

### Imperative

The "command" form, used to give instructions:

| Ponga las patatas en mi bolsa, por favor. | Put the potatoes in my bag, please. |
| --- | --- |

### Preterite

The "simple past", which relates one-off events in the past:

| ¿Fuiste de vacaciones el año pasado con tu novio? | Did you go on holiday last year with your boyfriend? |
| --- | --- |
| No, fui con mis padres. | No, I went with my parents. |

### Imperfect

The descriptive past tense, which you use to say what you used to do, or to describe what was happening, often as a background to an event in the preterite:

| Cuando vivía en Madrid hablaba español con todo el mundo. | When I lived in Madrid I spoke Spanish to everybody. |
| --- | --- |
| Cuando viajaba a Pontevedra, tuve un accidente. | When I was traveling to Pontevedra, I had an accident. |

You can also use the continuous form - the imperfect of *estar* + the gerund:

| Cuando estaba viajando en Pontevedra, tuve un accidente. | When I was traveling to Pontevedra, I had an accident. |
| --- | --- |

**Perfect**

Made up with *haber* + the past participle, to say what you have done recently. Use it where you would use the same tense in English.

| ¿Qué has visto? | What have you seen? |
| *Hemos visto muchas cosas.* | We've seen lots of things. |

**Future**

The future tense tells you what will happen:

| ¿Qué pasará? | What will happen? |

but you can also use *ir a* + the infinitive to say what is going to happen:

| ¿Qué vamos a hacer manana? | What are we going to do tomorrow? |
| *Vamos a ir de compras.* | We're going to go shopping. |

# Saber and poner

When "can" refers to a learnt skill, *saber* is used; if "can" refers to circumstances, *poder* is used:

| ¿Sabe Vd hablar francés? | Can you speak French? |
| *No puedo ir al teatro hoy.* | I can't go to the theater today. |

# Ser and estar

*Ser* is used:

- to say who, or what someone or something is (identification): *Emilio es reportero* - Emilio is a reporter.

- to describe the natural characteristic of someone or something: *Felipe es gordo* - Felipe is fat.

- to say the time: *son las cinco de la tarde* - it's five p.m.

- to say where you are from: *soy de Madrid* - I'm from Madrid.

*Estar* is used:

- to say where someone or something is: *Vacasa está en Villaverde* - Vacasa is in Villaverde.

- to describe a passing condition that someone is in: *Rosa está cansada hoy* - Rosa's tired today.

- to say what someone is/was doing: *Juana estaba pegando a Emilio* - Juana was hitting Emilio.

# NOUNS, ARTICLES, AND PRONOUNS

All nouns are either masculine or feminine. Most nouns ending in -o are masculine, and in -a are feminine. The definite (the) and indefinite (a/an) articles have to "agree" with the gender and number of the noun: Plurals: nouns ending in a vowel add -s, and those ending in a consonant add -es : *el niño, los niños, la mesa, las mesas, una ciudad, dos ciudades.*

Nouns ending in -ión lose the accent in the plural: *estación > estaciones*; those ending in -z change this to -ces: *una vez > muchas veces.*

Pronouns replace nouns. These are the main ones:

| SUBJECT | DIRECT OBJECT | INDIRECT OBJECT | REFLEXIVE | DISJUNCTIVE | |
|---|---|---|---|---|---|
| yo | me | me | me | mí | I/me |
| tú | te | te | te | ti | you (fam sg) |
| él | lo (things, m) le le/lo (=him) | se | se | él | he/him |
| ella | la | le | se | ella | she/her |
| usted | le(m) la (f) | le | se | usted | you (pol sg) |
| nosotros/as nos | nos | nos | nos | nosotros/as | we/us |
| vosotros/as os | os | os | os | vosotros/as | you (fam) |
| ellos | los/les | les | se | ellos | they/them (m) |
| ellas | las | les | se | ellas | they/them (f) |
| ustedes | los (m) las (f) les | les | se | se | ustedes | you (pol pl) |

Object pronouns precede the verb except the positive imperative, the infinitive and the gerund:

| | |
|---|---|
| *Déme un kilo de tomates, por favor.* | A kilo of tomatoes, please. |
| *Sí, voy a ponerlos en su bolsa.* | Yes, I'll put them in your bag. |

When two 3rd person pronouns are used together, the first one always becomes *se:*

| | |
|---|---|
| *Se los di ayer.* | I gave them to him/her/them yesterday. |

## ADJECTIVES AND ADVERBS

Adjectives agree in gender and number with the noun they describe and most come after the noun. Adjectives ending in -o have 4 forms: *rojo, roja, rojos, rojas;* those ending in -e usually only add -s and those ending in a consonant -es in the plural:

| | |
|---|---|
| un vestido rojo/verde/azul | una camisa roja/verde/azul |
| dos vestidos rojos/verdes/azules | dos camisas rojas/verdes/azules |

Nationalities ending in -és or -ol, however, have a feminine form:

| | |
|---|---|
| una cuidad francesa  (Note the loss of the accent) | ciudades francesas. |

Adverbs are formed from adjectives by adding -*mente* to the feminine form:

| | | |
|---|---|---|
| rápido | rápida | rápidamente |

Spanish often uses an adverbial phrase instead of an adverb:

| | |
|---|---|
| *¡Jaime! ¡No hagas eso! - dijo con enojo.* | "Jaime, don't do that!" she said angrily. |

Comparisons (more ... than) are made by using *más* with the adjective and *que* after:

| | |
|---|---|
| *Felipe es más gordo que Emilio.* | Felipe is fatter than Emilio. |

The superlative, "the most", also uses *más*, and "in" is translated by *de:*

| Linda es la chica más delgada de su clase. | Linda is the slimmest girl in her class. |
| --- | --- |

# POSSESSIVES (my, your, mine, yours, etc.)

| SHORT FORM | | LONG FORM | |
| --- | --- | --- | --- |
| mi/mis | my | mío/a/os/as | mine |
| tu/tus | your | tuyo/a/os/as | yours (tú) |
| su/sus | his/her/its | suyo/a/os/as | his, hers, its |
| su/sus | your | suyo/a/os/as | yours (Vd) |
| nuestro/a/os/as | our | nuestro/a/os/as | ours |
| vuestro/a/os/as | your | vuestro/a/os/as | yours (vosotros) |
| su/sus | their | suyo/a/os/as | theirs |
| su/sus | your | suyo/a/os/as | yours (Vds) |

The short form means "my" etc. and precedes the noun, the long form means "mine" etc. and is used after *ser* or the definite article.

The possessives agree with the thing possessed:

| *Sus hijos y los míos.* | Your children and mine. |
| --- | --- |
| *¿Es tuyo este paraguas?* | Is this umbrella yours? |

Because of ambiguity, the third person possessives are often replaced by *de él* (his), de *Vd* (your), etc: *¿Es de Vd?* Is it yours?

# THIS AND THAT

There are 3 "demonstratives" in Spanish: *este* (this), *ese* (that by you), and *aquel* (that over there).

| *este hombre* this man | *ese hombre* that man | *aquel hombre* that man (over there) |
| --- | --- | --- |
| *estos hombres* these men | *esos hombres* those men | *aquellos hombres* those men |
| *esta mujer* this woman | *esa mujer* that woman | *aquella mujer* that woman |
| *estas mujeres* these women | *esas mujeres* those women | *aquellas mujeres* those women |

When these occur without a following noun, it is usual to write an accent on the first e: *aquel hombre y éste; esa mujer y aquélla*. A neuter form *(esto, eso, aquello)* is used when you don't know the gender of the object you are refering to: *¿Qué es esto?* What's this?

# PREPOSITIONS

*A* means "to" or "at" and indicates motion:

| *Voy a Pontevedra.* | I'm going to Pontevedra. |
| --- | --- |

It is used without a translatable meaning before the direct object when this is a person. This is called the "personal a".

*A + el* becomes *al*.

*Al* is used with a verb infinitive to mean "on doing something":

| *Al llegar a Pontevedra ...* | On arriving at Pontevedra ... |
| --- | --- |

| | |
|---|---|
| *Vivo en Pontevedra.* | I live in Pontevedra. |

| | |
|---|---|
| *Los hijos de Felipe.* | Felipe's children. |

| | |
|---|---|
| *¡Cuánto me alegro de verte!* | How pleased I am to see you! |

| | |
|---|---|
| *No puedes hacer pan sin comprar harina.* | You can't make bread without buying flour. |

| | |
|---|---|
| *¿Para qué vamos a Granada?* | Why are we going to Granada? |
| *Para presentarme a tus padres.* | To introduce me to your parents. |

## QUESTION WORDS

| | | | |
|---|---|---|---|
| ¿Qué? | what | ¿Cómo? | how? |
| ¿Quién? | who? | ¿Cuándo | when? |
| ¿Dónde? | where? | ¿Por qué | why? |
| ¿Adónde? | where to | ¿Para qué? | what for? |

## NEGATIVES

| | |
|---|---|
| *Fui a España.* | I went to Spain. |
| *No fui a España.* | I didn't go to Spain. |

| | |
|---|---|
| *Linda nunca come carne/no come carne nunca.* | Linda never eats meat. |
| *No fui al cine ayer.* | I didn't go to the cinema yesterday. |
| *Nosotros tampoco.* | Neither did we. |

# Glossary

After each entry in the Glossary you will find the number of the unit in which the item of vocabulary first occurs.

**(m)** = masculine      **(f)** = feminine

**(pl)** = plural

## A

| | |
|---|---|
| **a** | to, at; "personal a" (see Grammar) 3 |
| **abierto** | open 7 |
| **abrigo** *(m)* | overcoat (UK) topcoat (US) 6 |
| **abril** | April 15 |
| **abrir(se)** | to open 10 |
| **absoluto (en a.)** | (not) at all 11 |
| **abuela** *(f)* | grandmother 2 |
| **abuelo** *(m)* | grandfather 2 |
| **aburrido** | boring, bored 19 |
| **aburrirse** | to get bored 19 |
| **accidente** *(m)* | accident 21 |
| **aceite** *(m)* | oil 9 |
| **aceptar** | to accept 18 |
| **acompañar** | to accompany, go with 7 |
| **acordarse de (ue)** | to remember 9 |
| **acostarse (ue)** | to go to bed 5 |
| **actualmente** | at present, at the moment 16 |
| **acuerdo (estar de a. con)** | to agree with 23 |
| **adelgazar** | to slim, lose weight 19 |
| **adiós** | goodbye 7 |
| **¿adónde?** | where to? 11 |
| **aeropuerto** *(m)* | airport 18 |
| **afeitarse** | to shave 22 |
| **África** | Africa |
| **agenda** *(f)* | diary (UK) agenda (US) 15 |
| **agitar** | to wave 21 |
| **agosto** | August 15 |
| **agua** *(f)* | water 9 |
| **ahí** | there (by you) 15 |
| **ahí viene** | here (s)he comes 4 |
| **ahora** | now 3 |
| **al (= a + el)** | to the, at the 3 |
| **alegrarse** | to be pleased 21 |
| **alegre** | happy, cheerful 13 |
| **alegremente** | happily, cheerfully 23 |
| **alemán** | German 1 |
| **Alemania** | Germany 1 |
| **alfombra** *(f)* | carpet 3 |
| **algo** | something 7 |
| **algodón** *(m)* | cotton 6 |
| **alguien** | somebody, someone 16 |
| **algún, alguno/a** | some 11 |
| **alguna (a/en a. parte)** | some (somewhere) 12 |

| | |
|---|---|
| **alguna (¿has a. vez …?)** | (have you) ever …? 20 |
| **almacén** *(m)* | store 20 |
| **almorzar (ue)** | to have lunch 5 |
| **almuerzo** *(m)* | lunch 10 |
| **alojarse** | to stay (night) 9 |
| **alquilar** | hire, rent 8 |
| **alto** | tall, high 13 |
| **altura** | height 13 |
| **alubias** | beans 10 |
| **allí** | (over) there 6 |
| **amarillo** | yellow 3 |
| **amiga** *(f)* | friend (f) 7 |
| **amigo** *(m)* | friend (m) 3 |
| **andar** | to walk 21 |
| **andén** *(m)* | platform 18 |
| **anoche** | last night 11 |
| **antes de** | before 21 |
| **antiguo** | former 21 |
| **año** *(m)* | year 1 |
| **apasionadamente** | passionately 23 |
| **apellido** *(m)* | surname 1 |
| **apariencia** *(f)* | appearance, looks 19 |
| **apenas** | hardly 16 |
| **aprender** | to learn 5 |
| **aprobar (ue)** | to pass (exam) 17 |
| **aquel/aquella** | that (over there) 6 |
| **aquellos/aquellas** | those (over there) 6 |
| **aquí** | here 1 |
| **arboleda** *(f)* | grove 20 |
| **Argentina** | Argentina 9 |
| **armario** *(m)* | cupboard (UK) cabinet (US) 21 |
| **arreglar** | to tidy (UK) clean up (US) 15 |
| **aseo** *(m)* | toilet/WC (UK) restroom (US) 3 |
| **así** | like that, thus, so 19 |
| **aspirina(s)** *(f)* | aspirin(s) 19 |
| **asqueroso** | disgusting, vile 10 |
| **atender** | to look after, attend to 22 |
| **atractivo/a** | attractive, good-looking 10 |
| **Austria** | Austria 21 |
| **autobús** *(m)* | bus 9 |
| **AVE** *(m)* | high-speed train 18 |
| **avenida** *(f)* | avenue 2 |
| **avión** *(m)* | plane 8 |
| **ayer** | yesterday 8 |
| **ayuda** | to help 7 |
| **azteca** | Aztec 4 |
| **azul** | blue 6 |

## B

| | |
|---|---|
| **bailar** | to dance 4 |
| **baile** *(m)* | dance 15 |
| **bajo** | short (= not tall) 13 |
| **baloncesto** *(m)* | basketball 8 |
| **ballet** *(m)* | ballet 16 |
| **banco** *(m)* | bank 7 |
| **bañarse** | to have a bath, swim 5 |
| **baño** *(m)* | bath 3 |
| **bar** *(m)* | bar, pub 3 |
| **barato** | cheap 6 |
| **barbacoa** *(f)* | barbecue 15 |
| **barbilla** *(f)* | chin 13 |
| **barra** *(f)* | loaf 10 |
| **bastante** | quite, enough 6 |
| **bebé** *(m)* | baby 23 |
| **beber** | to drink 5 |
| **biblioteca** *(f)* | library 7 |
| **bicicleta** *(f)* | bicycle 9 |
| **bien** | well, good 2 |
| **bienvenido** | welcome 19 |
| **bistec** *(m)* | beef steak 10 |
| **blanco** | white 3 |
| **blusa** *(f)* | blouse 6 |
| **boca** *(f)* | mouth 13 |
| **bocadillo** *(m)* | sandwich 10 |
| **bolígrafo** *(m)* | ball-point pen 18 |
| **bombero** *(m)* | fireman 11 |
| **bonito/a** | nice, pretty 3 |
| **bolsa** *(f)* | bag 10 |
| **borracho/a (emborracharse)** | drunk (to get d.) 12 |
| **botas** *(f)* **(para caminar)** | walking boots 9 |
| **botella** (f) | bottle 10 |
| **Brasil** | Brazil 1 |
| **brasileño** | Brazilian 1 |
| **botón** *(m)* | button 22 |
| **brazo** *(m)* | arm 21 |
| **brillar** | to shine 14 |
| **buen/bueno** | good 2 |
| **buenas noches** | goodnight 23 |
| **buenos días** | good morning 1 |
| **bufanda** *(f)* | scarf 14 |
| **buscar** | to look for 14 |

## C

| | |
|---|---|
| **caballo** *(m)* | horse 9 |
| **cabeza** *(f)* | head 19 |
| **cabina** *(f)* **telefónica** | phone box (UK) booth (US) 7 |
| **caerse** | to fall 17 |
| **camarero** *(m)* | waiter 10 |
| **café** *(m)* | coffee, café 1 |
| **café con leche** | white coffee 1 |
| **café solo** | black coffee 4 |
| **cafetería** *(f)* | coffee bar/shop 3 |
| **caja** *(f)* | box 10 |
| **calcetines** *(mpl)* | socks 6 |
| **calendario** *(m)* | calendar 16 |
| **caliente** | hot (liquids etc.) 14 |

| | |
|---|---|
| **calor** | hot (weather, person) 12 |
| **caluroso** | hot (climate) 11 |
| **calle** *(f)* | street 1 |
| **cama** *(f)* | bed 4 |
| **cambiar** | to change 7 |
| **camisa** *(f)* | shirt 6 |
| **campana** | bell 13 |
| **camping (hacer c.)** | to go camping, camp 9 |
| **Canadá** | Canada 17 |
| **canción** *(f)* | song 11 |
| **cansado** | tired 19 |
| **cantar** | to sing 11 |
| **cantante** *(m)* | singer 11 |
| **carne** *(f)* | meat 4 |
| **carnicería** *(f)* | butcher's shop 7 |
| **caro** | dear, expensive 6 |
| **carretera** *(f)* | road 7 |
| **carta** *(f)* | letter 5 |
| **cartera** *(f)* | wallet 21 |
| **cartero** *(m)* | postman (UK) mailman (US) 11 |
| **casa** *(f)* | house 3 |
| **casa (a c.)** | (to) home 6 |
| **casa (en c.)** | (at) home 5 |
| **casado** | married 1 |
| **casarse** | to get married 9 |
| **casi** | almost, nearly 14 |
| **castaño** | (dark) brown 13 |
| **Cataluña** | Catalonia (region of NE Spain) 2 |
| **causa de (a c. de )** | because of 18 |
| **causar** | to cause 17 |
| **cebolla** *(f)* | onion 10 |
| **celebrar** | to celebrate 14 |
| **celos (tener c. de)** | to be jealous (of) 17 |
| **celosamente** | jealously 23 |
| **cena** *(f)* | dinner, supper 5 |
| **cenar** | to, have dinner, supper 5 |
| **cerca de** | near (to) 3 |
| **cerca (de/desde c.)** | close up 10 |
| **cerdo** *(m)* | pork 10 |
| **cerrado** | closed 7 |
| **cerveza** *(f)* | beer 4 |
| **césped** *(m)* | lawn, grass 20 |
| **cien/ciento** | a hundred 6 |
| **cigarrillo** *(m)* | cigarette 9 |
| **cinco** | five 1 |
| **cincuenta** | fifty 3 |
| **cine** *(m)* | cinema (UK) movies (US) 15 |
| **cita** *(f)* | date, rendezvous 8 |
| **ciudad** *(f)* | town, city 4 |
| **claramente** | clearly 23 |
| **claro** | of course 3 |
| **claro que** | of course 5 |
| **clase** *(f)* | class 16 |
| **cliente** *(m)* | client, customer 21 |
| **club** *(m)* | club 5 |
| **cocina** *(f)* | kitchen 3 |
| **cocinar** | to cook 11 |